NVivo R1(NVivo release 1): Matters of How to Conduct CAQDAS
(컴퓨터를 활용한 질적 자료 분석)

This book has been written for my dedicated mother-in-law, Gum-Ja, Kim who gave an angel without wings Mikyoung Lee for me.
I cordially congratulate on her 80th birthday, and without their never ending trust and support, this book will not be able to be published in this world!

NVivo R1(NVivo release 1):
Matters of How to Conduct CAQDAS
(컴퓨터를 활용한 질적 자료 분석)

© 박종원, 2020

1판 1쇄 인쇄__2020년 06월 15일
1판 1쇄 발행__2020년 06월 20일

지은이__박종원
펴낸이__홍정표
펴낸곳__글로벌콘텐츠
      등록__제25100-2008-24호
      이메일__edit@gcbook.co.kr

공급처__(주)글로벌콘텐츠출판그룹
      주소__서울특별시 강동구 풍성로 87-6(성내동)
      전화__02) 488-3280 **팩스__**02) 488-3281
      홈페이지__http://www.gcbook.co.kr

값 15,000원
ISBN 979-11-5852-288-9 93000

박종원 질적 연구 총서 시리즈 **19** ▽

http://cafe.daum.net/etwas777 (온라인 상담)

NVivo **R1**

NVivo release 1: Matters of How to Conduct CAQDAS
(컴퓨터를 활용한 질적 자료 분석)

글로벌콘텐츠

●● 목차 ●●

NVivo R1 Why and How 관련 프로젝트 링크에 가서 다운 받기

https://drive.google.com/file/d/1iCpwch3egSyPKNxuCGs3p3fX
3GXJoOYR/view?usp=sharing

제 1 장

File classification이란 무엇인가?

NVivo R1에는 File Classification과 Case Classification이 있는데, 관련하여 대표적인 선행연구를 소개하고 NVivo R1으로 기법을 구체적으로 시연 하도록 하겠다. Prabowo (2020)는 행동의 변화에 초점을 둔 범죄 예방 주도권 연구에서 질적자료 분석 소프트웨어가 기여할 수 있는 잠재력을 탐구하였다. 인도네시아에서 행동에 초점을 둔 부패 방지 주도권을 평가하는 효과적인 방법을 평가하는 토대를 마련하기 위하여 질적 연구의 원칙을 적용하였다. 부패 방지 관련 문서를 철저히 고찰하고, NVivo를 활용한 질적 연구 수행, 특히 행동의 변화에 초점을 둔 부패 방지 주도권의 성공과 실패를 평가하는데 있어 기여하는 바를 논하였다. 질적 자료 분석이 부패 방지 평가에 기여하는 바를 설명하기 위하여 NVivo의 다양한 분석 도구를 적절한 맥락에 예시를 제시하였다. 연구 결과에서 연구자는 현존하는 양적 평가는 인도네시아의 반부패 주도권의 성공과 실패라고 하는 큰 그림을 만들기에는 부족하다고 개탄한다. 지금의 양적 측정은 조직 문화와 행위와 관련해서 국가의 다양한 형태의 부패 문제가 복잡한 양상으로 증가하는 것을 필적 할 수 없다고 역설한다. 인도네시아에서 부패의 위협을 감소하기 위한 여러 가지 행위 중심의 부패 방지 주도권이 있지만, 부패 방지에 효과가 있는지의 여부는 여전히 미지수인데 그 이유는 평가할 수 있는 측정 단위의 부재 때문이라고 할 수 있다. 따라서, 부패 문제에 대해 연구자가 주요한 분석 도구 역할을 하는 적절한 질적 평가를 통해서만이 부패 문제 관련해서 깊이 있는 통찰력을 얻을 수 있다고 주장한다.

질적 자료를 확보하고 분석하는 평가자 능력을 높이기 위한 방안으로 컴퓨터를 활용한 질적 자료 분석을 제안한다. NVivo는 인간 행위의 의미를 깊이 있게 이해할 수 있도록 맥락, 다양성, 뉘앙스 그리고 과정을 자세히 들여다보는 것을 가능하게 하는 도구로 인간의 행위에 대한 의미를 깊이 있게 이해 할 수 있도록 맥락, 다양성, 자료 내의 패턴을 효과적으로 식별할 수 있다는 점을 강조한다.

연구자는 NVivo의 다양한 도구를 사용하여 상황, 다양성, 뉘앙스 및 과정을 더 깊이 들여다봄으로써 인간 행동의 의미가 내부 부패의 위험에 어떻게 영향을 미칠 수 있는지를 파악 할 수 있다는 점을 강조하고, 평가자가 데이터 내의 패턴을 식별하고자 할 때 특히 유용한 도구임을 강조한다. 본 논문은 행동 중심 부패방지 시책에 대한 질적 평가를 체계적으로 수행할 수 있는 틀을 제시함으로써 부패방지전략 개발에 기여하고 있다.

부패 방지 이니셔티브의 관리에 있어 가장 큰 과제는 개입 조치가 실제로 차이를 만드는지를 아는 것이다. 이는 부패방지가 조직과 그 구성원들의 문화와 행동의 변화를 수반하는 경우가 많기 때문이다.

질적 소프트웨어로서, NVivo는 연구 프로젝트에서 질적 연구자들을 지원할 수 있도록 지속적으로 개발되어왔다. 수집된 데이터 관리 시간을 줄여 연구의 효율성을 높일 수 있는 다양한 질적 연구자들에게 제공한다(Bazzley and Jackson, 2013, 2). 이런 방식으로, 연구자는 데이터의 의미를 조사하는 데 더 많은 시간을 할애할 수 있다. 다양한 기능을 갖춘 NVivo는 연구자들이 소프트웨어를 사용하지 않을 경우 불가능한 데이터를 볼 수 있는 새로운 방법을 제공할 수 있다. 표 1은 NVivo가 질적 연구자에게 제공할 수 있는 지원 유형을 요약하였다.

No.	Function	Description	
1	Data management	Organizing large volumes of records from interviews, questionnaires, focus group discussions, observations and various other documentary sources	
2	Idea management	Identifying and organizing conceptual and theoretical knowledge from the study	
3	Query	Identifying patterns and relevant information in the data by means of query tools	
4	Data visualization	Displaying the interpretation of the data in the forms of various interactive displays such as maps and matrices	**Table I.** Data analysis supports provided by NVivo
5	Data report	Generating various forms of reports from the qualitative database	

Source: Modified from Bazeley and Jackson (2013, p. 3)

앞에서 논하였듯이 부패를 막기 위해 조직의 행동을 변화시키는 데 있어 가장 어려운 것은 조직 인식의 변화이다. 조직 인식 변화 과정의 일부를 단순히 수량화 할 수 없다는 것은 구현된 이니셔티브의 성공 또는 실패의 측정과도 밀접하게 관련이 있다. 저자는 NVivo와 같은 CASQDAS가, 특히 평가자가 계량화 할 수 없는 영역에서 행동 중심의 부패방지 이니셔티브를 평가할 수 있도록 도와줄 수 있다고 믿는다. 다음 하위 섹션에서는 평가자가 과제를 수행하는 데 도움이 되는 NVivo의 주요 기능에 대해 논의해 보도록 하겠다.

코딩과 노드

코딩 진행과정에서 연구자는 데이터를 세분화하여 관리 가능한 부문으로 분류하고 그에 따라 라벨을 붙인다(Schwandt, 2007). 데이터 분류 전 코딩 과정에 연구자는 다양하고 연속적인 분절을 지속적으로 비교하고 대조한다(Schwandt, 2007). QSR International (2018a)에 따르면, "코딩은 특정 주제, 사람 또는 다른 실체에 대한 모든 참조를 수집하는 방법"이라고 정의한다. Saldana (2015)는 질적 조사에서의 코드는 요약, 두드러진 내용, 본질 포착 및 기타를 상징적으로 할당하는 단어나 짧은 구절이라고 말한다. 언어 기반 또는 시각적 데이터의 일부에 대한 속성으로 데이터는 인터뷰 자료, 참가자 관찰 일지, 노트, 저널, 문서, 개방형 설문조사 응답, 도면, 그림, 사진, 비디오, 인터넷 사이트, 이메일 서신, 학술 및 소설 문학 등으로 다양하다.

NVivo로 코딩을 하면 노드가 생성된다. 노드는 연구자들이 코딩 과정에서 비롯되는 연구 프로젝트에 중요한 주제와 아이디어를 저장하는 곳이다 (Richards,

1999). 질적 연구자들은 일반적으로 "범주 또는 추상적 개념"을 나타내기 위해 노드를 사용하고 정의, 그에 대한 메모 또는 다른 노드에 대한 링크를 저장한다.

노드 생성은 정성적 데이터를 이해하는 데 있어 연구자의 요구에 맞춘 역동적이고 유연한 자료 분석 과정이다. 예를 들어, 연구자가 테마와 아이디어에 확신이 설 때, 데이터 분석 노드에서 생성되는 것은 코딩을 하지 않고 미리 만들 수 있다(Richards, 1999).

행동 지향적인 부패 방지 이니셔티브를 평가하기 위해 노드를 사용하여 사전에 결정된 개념 프레임워크에 기반한 목표를 설정할 수 있다. 이것은 코딩 과정에 앞서 행해진다. 평가자는 평가 대상 조건과 환경을 가장 잘 나타내는 개념 체계를 선택할 수 있다. 예를 들어, 크레스시의 사기 삼각형은 사기 행위에 해당하는 압력, 기회, 합리화의 세 가지 주요 요인을 나타내기 위해 연구자가 선택할 수 있다. 다른 이론이나 모델도 정당성이 있는 한 선택될 수 있다.

프라보우보(2014)는 인도네시아에서 많은 공무원들이 부패를 저지르고 있을 정도로 비용 대비 편익 고려가 항상 주요 원인이었다고 주장했다. 인도네시아의 많은 공무원들이 부패를 합리적인 행동 선택(즉, 인지된 문제를 해결하기 위해)으로 간주하고 있다는 사실이 문제를 완화시키는 것을 어렵게 만들었다고 말한다(Prabowo, 2014). 이는 범법자들이 일반적으로 부패행위를 하는 것으로 인식된 순이익(인식된 비용에서 차감된 이익)이 그렇지 않은 이익보다 크다고 믿는 것을 의미한다(그림 1).

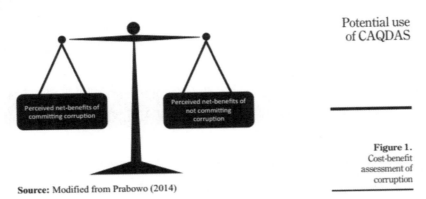

Source: Modified from Prabowo (2014)

Potential use of CAQDAS

Figure 1.
Cost-benefit
assessment of
corruption

위의 수치는 잠재적 부패 범죄자가 어떻게 자신의 순이익을 부패행위에 관여하고 관여하지 않는 것으로부터 주관적으로 인식하는지 보여준다. 예를 들어, 그는 부패 행위를 하거나 하지 않을 경우의 비용과 이익을 다음과 같이 인식할 수 있다 (표 II).

Perceived benefits of not engaging in corrupt acts		Perceived benefits of engaging in corrupt acts	
1	Peace of mind (+)	1	Extravagant life (+)
2	Good reputation (+)	2	Maintaining "social identity" within a group or a community (e.g. "everybody is doing it") (+)
3	Satisfaction for being an accountable individual (+)	3	Being perceived by others as loyalty to peers and superiors (+)
Perceived costs of not engaging in corrupt acts		**Perceived costs of engaging in corrupt acts**	
1	Potential financial difficulty (e.g. low income) (−)	1	Negative emotions (e.g. guilt and shame) (−)
2	Losing "social identity" within a group or community (e.g. being isolated by co-workers and superiors) (−)	2	Being looked down upon by the society (−)
3	Intimidation from co-workers and superiors (−)	3	Risk of detection and prosecution (−)

Table II.
Example of cost-benefit assessment to commit or not to commit corruption

Source: Modified from Prabowo (2014)

잠재적 범죄자가 특정 비용(급여 요소)에만 의존한다고 가정할 경우, 부패 행위를 저지르는 것의 이익이 부패 행위를 저지르지 않는 비용보다 크다면, 가장 가능성이 높은 결정은 부패에 관여하는 것이다. 그러나 실제로는 비용−혜택 요소 및 잠재적 범인의 인식에 영향을 미칠 수 있는 광범위한 요소 (예: 규범, 가치 및 신념)가 존재한다는 점에 유의할 가치가 있다.

예를 들어, 한 나라의 영향력 없는 반부패 기관과 부패한 감옥 시스템은 "탐지와 기소 위험" 요소의 무게를 감소시키는 반면, 좋은 감옥 시스템을 가진 강력하고 독립적인 반부패 기관은 그것을 증가시킬 것이다. 요약하면, 프라보우의 (2014) 작업에 기초하여, 4개의 관련 단체들이 부패를 비합리적인 행동 선택(그림 2)으로 만들기 위해 사용될 수 있다.

(1) 부패를 저지르지 않을 경우 인식되는 편익 증가

(2) 부패를 저지를 경우 인식되는 편익 감소

(3) 부패를 저지르지 않을 경우 인식 비용 감소

(4) 부패를 저지르는 인식 비용 증가

따라서 평가를 위한 1차 노드는 아래의 그림 2와 같이 설정 할 수 있다.

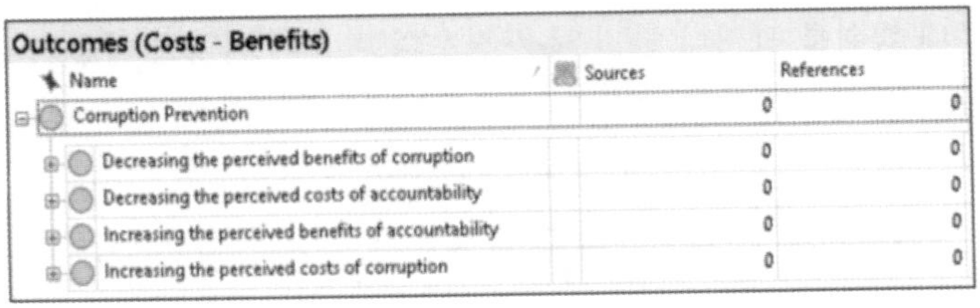

Figure 2.
Examples of
preliminary nodes in
corruption prevention
evaluation

Outcomes (Costs - Benefits)		
Name	Sources	References
⊟ ◯ Corruption Prevention	0	0
⊞ ◯ Decreasing the perceived benefits of corruption	0	0
⊞ ◯ Decreasing the perceived costs of accountability	0	0
⊞ ◯ Increasing the perceived benefits of accountability	0	0
⊞ ◯ Increasing the perceived costs of corruption	0	0

위의 그림에서 4개의 기본 노드는 부패 방지 활동에 대한 소스(예: 문서 및 비디오)가 코딩 된 프라보우(2014)비용-편익 모델에 기초한 기대 결과를 나타낸다. NVivo는 일반 노드 외에도 사람, 장소, 조직, 이벤트와 같은 "관찰의 통일"을 데이터 소스로부터 나타낼 수 있다 (Bazley and Jackson, 2013; QSR International, 2018b).

일반 노드와 달리 사례 노드는 연령, 성별, 교육, 고용 수준 등의 속성을 포함할 수 있다 (QSR International, 2018b). 연구자들은 사례 노드를 사용하여 연구에서 확인된 사례의 데이터 (예: 문서, 사진 및 비디오)를 정리하고 보관할 수 있다 (Siccama와 Penna, 2008).

베즐리와 잭슨 (2013)은 사례 노드를 다른 노드들과 구별하는 두 가지 주요 특징으로 (1) 사례는 개념 (예: 명예, 접근 및 불안 등)이 아닌 한정되고 정의 가능한 분석 단위 (예: 사람, 장소 및 정책)와 관련이 있다. (2) 사례 노드는 질적 데이터만 보유하는 것이 아니라, 그것과 관련된 인구통계학적, 범주형 또는 확장된 데이터 (속성이라고 함)를 가지고 있기 때문에 다른 노드들과 다르다 (Richards, 1999).

부패방지 평가자가 NVivo와 같은 CAQDAS를 사용하여 질적 평가를 수행할 때 활동에 대한 증거를 수집하기 전에 다양한 활동에 대한 사례를 준비할 수 있다. 부패방지 활동과 사건을 나타내는 사례 노드의 예는 그림 3과 같다.

연구자들이 질적 데이터에 대해 다중 분석을 수행할 수 있도록 지원하기 위해 각 사례들은 고유한 속성 집합을 가질 것이다. 그런 속성은 "다른 개념을 대표하는 코딩에 대한 비교 질문을 묻고 프로젝트에서 분류한다."에 사용될 수 있다

(Siccama와 Penna, 2008). 그림 3과 4는 샘플 케이스 노드에 대한 특성의 예를 보여준다.

자료 획득

위의 그림에서 세 가지 사례 분류는 공공 활동(예: 강의), 인쇄물(예: 브로셔), 온라인 자료(예: 웹 사이트)의 부패 방지 활동의 속성을 포함하도록 작성한다. 각 활동은 그 종류에 따라 고유한 속성 집합을 가진다. 속성도 평가자의 요건에 따라 설정된다. NVivo에서 속성 값은 숫자, 문자열 또는 문자, 참 또는 거짓(부울) 또는 날짜와 시간(리처즈, 1999)의 형태로 될 수 있다. 울프와 실버(2017)는 속성이 응답자, 조직, 이벤트, 아티팩트 등 분석 단위의 사실적 특성을 나타낸다고 설명했다. 분석 목적상 그러한 특성은 출처 및 사례와 연계될 수 있다(울프 및 실버, 2017). 따라서 질적 연구 속성 및 값은 문서 및 사례에 대한 기본 데이터 코딩을 나타낸다(리처드, 2002).

속성-값 시스템은 문서와 사례뿐만 아니라 모든 노드로 확장되어, 읽을 수 있는 설명 텍스트의 일부만이 아니라 프로젝트 데이터베이스에 보관된 속성-값 태그로 노드가 나타내는 개념을 특성화 할 수 있게 되었다. 따라서 계산할 수 있다.

Intervention Measures				
↖ Name		🗐 Sources	References	
Brochure on Anti-Corruption Research Competition		0		0
Brochure on New Whistleblowing System		0		0
Lecture on Academic Integrity		0		0
Lecture on The Roles of Universities in Anti-Corruption		0		0
Meeting with Local Leaders		0		0
Meeting with Procurement Officers		0		0
Seminar on Anti-Corruption Strategy		0		0
Seminar on Organizational Accountability		0		0
Training on E-Procurement		0		0
Training on Internal Control		0		0

Figure 3.
Examples of case
nodes of corruption
prevention activities
and events

실제로 평가자는 부패 방지 활동에 대한 질적 데이터를 필터링하고 검색하기 위해 속성을 사용할 수 있다. 예를 들어, 그들은 "어떤 문제에 대한 성별에 편향된 반응이 있는지 또는 어떤 일이 행해지는 스타일이 사이트나 기간에 따라 다른지"

에 대해 알 수 있다(Bazzley and Richards, 2000). 연구자들은 사례의 속성 및 가치를 이용하여 개별 속성 및 가치 또는 이들의 조합에 근거한 정보를 그룹화하고 검색을 수행 할 수 있다(Ulf and Silver, 2017).

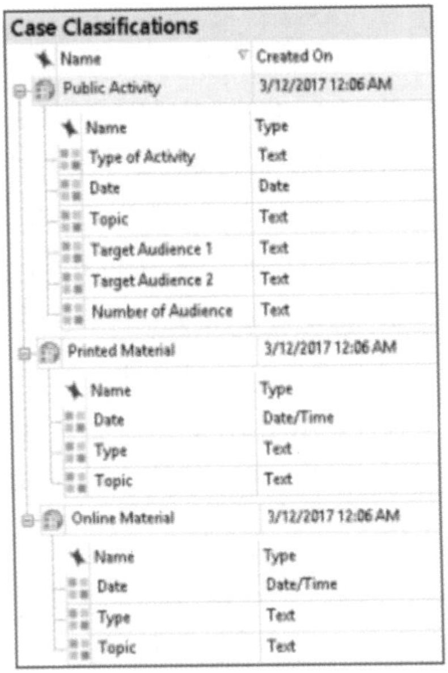

Figure 4.
Examples of
attributes for case
nodes of corruption
prevention activities
and events

부패 방지에서 평가자는 속성 가치 시스템을 사용하여 특성을 가진 사람이나 사건에 대해 탐구할 수 있다. 아래는 공공 활동의 수와 그 주제에 대해 간단히 탐구한 예이다.

실제로 NVivo에서는 평가된 활동과 그에 대해 수집된 평가 데이터를 완전히 이해를 해야만 평가자의 요구에 맞게 수많은 질의를 수행할 수 있다.

일반적으로 NVivo의 4가지 주요 유형의 쿼리는 텍스트 검색 쿼리, 워드 빈도수 쿼리, 코딩 쿼리, 매트릭스 코딩 쿼리이다. 일반적으로 쿼리는 평가자가 데이터에서 하위 집합을 수집하고 탐색하는 데 사용할 수 있다(QSR International, 2018c). 텍스트 검색 쿼리는 평가 데이터(즉, 출처), 노드 및 사례 노드(QSR International, 2018c) 내에서 단어, 구문 또는 개념의 모든 빈도를 찾기 위해 사용된다. 평가자는 워드 빈도수 쿼리를 사용하여 평가 데이터 전체에서 가장 자주 발생하는 단어 또는 주제를 찾을 수 있다(QSR International, 2018c). 선택된 노드에서 코딩 된 모든 내용(즉, 평가 데이터에서)을 찾기 위해, 노드 조합이나 노드 및 속성 평가자의 조합은 코딩 쿼리를 이용하여 검색 할 수 있다(QSR International, 2018c). 표 III에서와 같이 노드와 속성 등의 항목의 조합을 나타낸 매트릭스는 매트릭스 코딩 쿼리 도구(QSR International, 2018c)를 사용하여 작성할 수 있다. 기본적으로 쿼리는 평가자가 질문을 하고 평가된 활동의 전체 그림을 구성하는 데 도움이 될 수 있는 패턴을 찾기 위해 사용된다.

위의 예에서 질의 매트릭스는 일정 기간 내에 반부패 기관이 조직한 네 가지 유형의 공적 활동에 걸쳐 논의된 부패와 관련된 다양한 주제나 이슈를 강조한다. 음영 셀의 점수는 해당 주제가 논의된 기관에서 주관하는 공공 행사의 수를 나타낸다. 사례에서 보듯이 음영도 매트릭스의 추세나 패턴을 보여주기 위해 셀에 적용할 수 있다. 셀이 어두울수록 주제나 문제가 자주 논의된다는 의미이다. 예부터 보면 반부패법과 반부패 기관 강화라는 두 가지 테마가 공공 활동에서 다뤄진 적이 없는 것 같다.

이번 조사결과는 향후 부패방지 활동을 개선하는 근거로 활용될 수 있다. 매트릭스는 사용 가능한 소스(데이터)를 사용하여 이전에 논의한 코딩 프로세스를 기반으로 NVivo에 의해 생성된다는 점을 유념 하여야 한다(예: 프레젠테이션 자료, 인터뷰, 회의록, 비디오 및 이미지). 즉, 행렬의 품질은 코딩 공정 자체의 품질에 따라 달라진다. 공공 활동에서 다루는 관련 주제와 이슈를 대표하는 노드는 활동의 평가에 앞서 미리 결정할 수 있다. 평가자는 성공적인 부패 방지 활동을 통해 얻은 과거의 경험을 바탕으로 이러한 노드를 설정할 수 있다. 또한 미리 결정된 개념 프레임워크를 평가를 위한 예비 노드를 결정하기 위한 참조로 사용할 수 있다.

Themes	A: public activity: type of activity = seminar	B: public activity: type of activity = meeting	C: public activity: type of activity = lecture	D: public activity: type of activity = training
1: Public activity: topic = leadership	1	1	0	0
2: Public activity: topic = regulation	0	1	0	1
3: Public activity: topic = finance	1	0	0	1
4: Public activity: topic = education	0	0	2	0

Table III.
Example of query matrix on public activity types and their topics

시각화

평가자가 평가 데이터를 이해하고 적절한 결론을 내릴 수 있도록 돕기 위해 NVivo는 여러 시각적 도표를 생성하는 데 사용할 수 있는 다양한 시각화 도구를 제공한다. Woolf and Silver(2017)에 따르면, 질적 조사 시각화 과정은 구성 요소를 지도와 차트를 사용하여 그래픽으로 표시함으로써 시각적으로 작업하는 것을 포함한다고 말한다. NVivo에서 데이터 시각화의 중요한 부분은 평가자가 데이터뿐만 아니라 데이터에서 중요한 문제를 식별할 수 있는 지도 작성에 있다(QSR International, 2018a). 울프 및 실버(2017)는 말하길,

> "NVivo의 지도는 많은 종류의 시각적 탐구에 유용하다. 지도는 NVivo 프로젝트의 나머지 부분과 통합하여 작업 도구로 사용할 수 있으며, 완성된 프로젝트의 일부를 그래픽 형태로 나타내는 연구 사후 그리기 기능도 수행한다."

행동 중심의 부패 방지 활동을 질적으로 평가할 목적으로, NVivo 지도로 평가자가 미리 정해진 목표가 달성되었는지 여부를 평가하는 데 도움이 되도록 구성할 수 있다. 질적 평가에서는 평가자가 과정 중심 도구를 사용한다는 점을 유념할 필요가 있다. NVivo는 분석의 주요 도구로서 평가자를 지원만 하기 때문에 스스

로 알아서 평가를 하지는 않는다.

　존슨과 쇠레이드(2013)는 반부패 시책을 영향평가, 프로그램 평가, 프로세스 평가 등 3가지 접근방식을 이용해 평가할 수 있다고 주장했다. 영향 평가는 시책으로 부터 변화를 결정하고 측정할 수 있는 "인과 추론에 대한 과학적 표준(Rossi et al., 1999, 30)"의 사용을 강조한다(Johnsøn and Søreide, 2013). 게틀러 외 연구진(2010)이 제안한 대로:

> [...] 정책 입안자와 프로그램 관리자는 프로그램이 산출물을 생산하고 최종 결과에 영향을 미치는 인과 경로를 명확히 규정하는 논리적 프레임워크에서 영향 평가를 고려하고, 영향 평가를 모니터링 및 보완적 평가 접근방식과 결합하여 완전한 성과 개념을 획득한다.
>
> 프로그램 평가는 평가된 프로그램의 목표 달성 가능성뿐만 아니라 목표 달성을 위한 과정의 효과와 효율성에 대해 강조한다. 프로세스 평가는 프로그램이 초기 계획 목표에 따라 어떻게 구현되는지 검토한다.

　부패는 다차원적인 문제다. 다양한 행동 요인들이 인도네시아의 광범위한 부패 문제를 야기했다(Prabowo and Cooper, 2016). 부패행위 중심의 반부패 시책의 행동 근원이 복잡하기 때문에 실행이 어려운 경우가 많고 평가도 어렵다. 사람들이 서로 어떻게 상호작용하는지에 관련된 여러 문제에 대한 철저한 이해는 다른 집단의 사람들을 위한 적절한 개입 조치의 수립에 중요하다. NVivo와 같은 CAQDAS는 기존의 정량적 평가 척도(예: 뇌물 사건, 유죄 판결률, 제도적 무결성 점수, CPI 점수 등) 외에 평가된 활성화에 대한 질적 통찰력을 제공하여 선택한 평가 방법을 사용할 때 반부패 평가자를 지원할 수 있다.

　NVivo의 데이터를 시각화하는 것은 구현된 부패 방지 이니셔티브가 그 목적을 달성했는지 여부를 효과적으로 실행하는 데 도움이 된다. 그림 5는 평가자가 코딩한 데이터의 패턴을 확인하고 미리 정해진 개념 체계에 기초하여 평가 대상 활동에 대한 결론을 내릴 수 있도록 돕기 위한 NVivo 지도의 간단한 예를 보여준다. 그림 5의 지도는 부패 방지 활동이 공무원에게 예상되는 행동 영향과 어떻게 연결되어 있는지를 보여준다. 이 예에서, 미리 정해진 개념 체계를 언급하고, 평가자를 고려한 후에, 공공 기관의 공직자들이 비이성적인 것으로 인식되도록 하는 부패를 만드는 데 대한 바람직한 영향은 충성의 주관적 가치 감소로 나눌 수 있다고 결정하였다. 부패한 윗사람과 어울림; 과도한 부의 주관적 가치 감소; 부패한 윗사람에 대한 불복종의 주관적 가치 감소; 부패한 환경에서 오는 압박과 위협의 인식가치 감소; 장기간 지속되는 경력의 주관적 가치 증가; 탐지 및 기소 위험의 주관적 가치 증가; 죄책감과 수치심의 주관적 가치 증가.

아래의 지도는 일정 기간 내에 공공기관에서 4건의 부패방지 활동에 대해 수집한 자료(문서, 사진, 동영상, 오디오)로부터 코딩 처리된 결과물이다. 실제 평가 과정에서 NVivo 지도는 아래의 그림에 표시된 것보다 훨씬 더 복잡할 수 있으며 평가 데이터에서 노드와 케이스 노드가 더 많을 수 있다. 평가 지도가 너무 복잡해지면 매트릭스 쿼리를 사용하여 평가자가 지도 내의 패턴을 더 쉽게 식별할 수 있다.

아래의 매트릭스에서 음영 셀의 점수는 부패 방지 활동이 미래에 원하는 행동영향을 잠재적으로 초래할 수 있다는 주장을 뒷받침하는 증거(즉, 소스 파일)의수를 나타낸다. 현실적으로, 탁상 공무원들의 행동 변화를 평가하는 것은 부패방지 평가자들에게 결코 쉬운 일이 아니다. 사람들의 행동 변화에 초점을 맞춘 부패방지 시책을 평가하는 질적 접근법을 사용하는 것은 꼼꼼한 과정이 될 수 있다. 예를 들어 코딩 프로세스 중에 표 V에 묘사된 것처럼 평가자는 평가된 활동이 공무원의 행동을 변화시킬 가능성이 있는지 여부를 결론짓기 전에 증거를 주의 깊게 검토해야 한다. 행동 지향적 활동의 인과관계를 평가하려면 공무원의 소통과 상호작용에 대한 높은 수준의 통찰력이 요구된다. 트레이시(2012)는 질적 조사에서 대상 분석은 가치 있는 성격 때문에 현장에서 가장 잘 이루어진다고 주장했다. 평가자는 공직자의 행동과 변화를 보다 정확하게 파악하기 위해 "자연적 환경"에서 공직자를 평가하기 위한 여러 가지 수단을 사용할 필요가 있다. 아래의 질 매트릭스 평가자는 또한 각 셀에 대한 증거의 수뿐만 아니라 유효성과 신뢰성에 초점을 맞출 필요가 있다. 평가자는 자연주의적인 조사에서는 증거가 본질적으로 주관적일 수 있으므로 타당성과 신뢰성의 원칙을 위반할 수 있다는 것을 깨달아야 한다(Beuving and Vries, 2015). 베어빙과 브리스(2015)는 다음과 같이 주장했다.

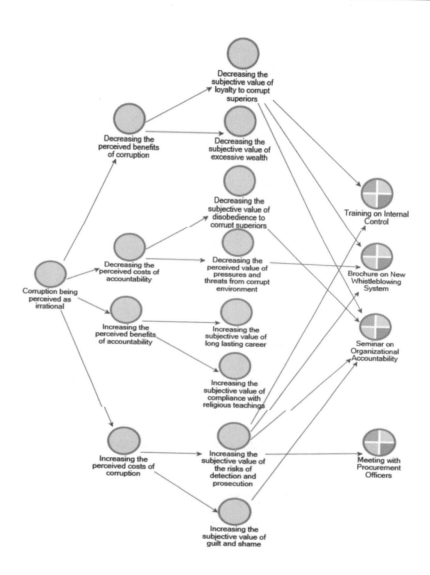

Themes	A: public activity: type of activity = seminar	B: public activity: type of activity = meeting	C: public activity: type of activity = lecture	D: public activity: type of activity = training
1: Anti-corruption	6	6	6	6
2: Effective anti-corruption strategies	1	0	0	0
3: Existing anti-corruption laws	0	0	0	0
4: Short-term-oriented anti-corruption measures	6	6	6	6
5: Strengthening anti-corruption agency	0	0	0	0
6: Corruption	3	3	1	1
7: Corruption cases	1	0	1	0
8: Corruption normalization	3	3	0	0
9: Corruption offenders	1	0	0	1
10: Knowledge	1	0	0	0
11: Explicit knowledge	1	0	0	0
12: Organizational knowledge	1	0	0	0
13: Tacit knowledge	1	0	0	0
14: Normalization	7	7	6	6
15: Corruption normalization	3	3	0	0
16: Existing corruption normalization process	6	6	6	6
17: Normalization pillars	3	3	0	0

Table IV.
Example of query matrix on public activity types and themes covered

타당성은 다음과 같은 질문을 말한다, 연구는 측정한다고 주장하는 것을 측정하는가?
신뢰성은 다음과 같은 질문을 말한다, 연구 결과를 독립적으로 확인할 수 있는가? 즉,
반복하면 유사한 결과가 나올 것인가? 자연주의적인 패러다임의 연구자가 무언으로 자신의
위치를 주장하기를 원한다면 이러한 질문은 연구자가 수용해야 할 합리적인 질문들이다.

따라서 다른 질적 조사와 마찬가지로 부패방지 평가 자료의 유효성과 측정하고
자 하는 바를 실제로 측정하는지 여부와 신뢰성에 대한 평가가 다른 사람이 독립적
으로 확인될 수 있고 유사한 결과를 초래할 수 있다는 것을 의미한다.

행동 지향 활동은 종종 평가자가 활동의 중심에서 인간 상호작용을 면밀히 관
찰하도록 요구한다. 이를 위해, NVivo와 같은 CAQDAS는 조직 내의 행위자들이
좋은 지배와 책임을 촉진하기 위해 상호 작용하는 방법을 그림으로 표현하고자
할 때 사용할 수 있다. 이는 평가자 들이 조직 내에서 주요 행위자를 식별하고 그에
따라 문화 및 행동 변화를 창출할 수 있도록 권한을 부여하는데 도움이 될 것이다.

NVivo와 같은 CAQDAS는 조직 내의 사람과 그룹에 대해 소위 "소셜 네트워크 분석"을 수행하여 그들의 관계를 파악하고 측정할 수 있는 능력을 가지고 있다(QSR International, 2018e).

Desired impacts	A: brochure on new whistleblowing system	B: meeting with procurement officers	C: seminar on organizational accountability	D: training on internal control
1: Decreasing the subjective value of excessive wealth	0	0	0	0
2: Decreasing the subjective value of loyalty to corrupt superiors	1	0	1	1
3: Decreasing the perceived value of pressures and threats from corrupt environment	1	0	0	0
4: Decreasing the subjective value of disobedience to corrupt superiors	1	0	1	1
5: Increasing the subjective value of compliance with religious teaching	0	0	0	0
6: Increasing the subjective value of long lasting career	0	0	0	0
7: Increasing the subjective value of guilt and shame	0	0	2	0
8: Increasing the subjective value of the risks of detection and prosecution	1	1	2	1

Table V.
Example of a query matrix on the desired impacts of corruption prevention initiatives

NVivo 내에서, 소셜 네트워크는 사람 또는 다른 사회적 실체들 간의 연계의 관점에서 분석되고 그 결과는 도표("sociograms"라고도 한다)의 형태로 제시된다(QSR International, 2018e).

위의 인물에서 묘사된 바와 같이, 조직 구성원들은 서로 교류함으로써 청렴과 책임에 관련된 지식을 전파할 수 있으며, 이는 조직이 부패에 대한 저항력을 더욱 높일 수 있도록 행동 변화를 지원할 수 있다. 위의 예에서, 일련의 부패방지 활동은 전술한 한 공공기관의 부패방지 기관에 의해 행해져 왔으며, 그 안에서 참여자들이 명시적이든 암묵적 이든 간에 다양한 부패방지수단을 소개받았다. 활동을 완료하면 평가자는 소셜 네트워크 분석을 사용하여 활동 중 참여 직원에게 전달된 부패방지 지식에 대한 상호작용 수준을 측정할 수 있다. 소셜 네트워크 분석의 세 가지 주요 측정은 정도 중심성, 중간성 중심성, 친밀성 중심성이다. NVivo를 사용하여 그림 6의 소셜 네트워크 상호작용에 기초한 중심성 분석 결과는 다음과 같다.

정도 중심성은 노드에서 발생한 사건 수를 나타낸다(Borgatti, 2005). NVivo에서 정도 중심성은 본질적으로 "정점(즉, 케이스노드)이 직접 연결된 정점 수"이다(QSR International, 2018b). 그루즈드와 헤이스토른스와이트(2013)는 소셜네트워크에서의 정도 중심성은 "인기성"(차급)과 "인기성"(급외)으로 해석된다고 설명했다.

JFC

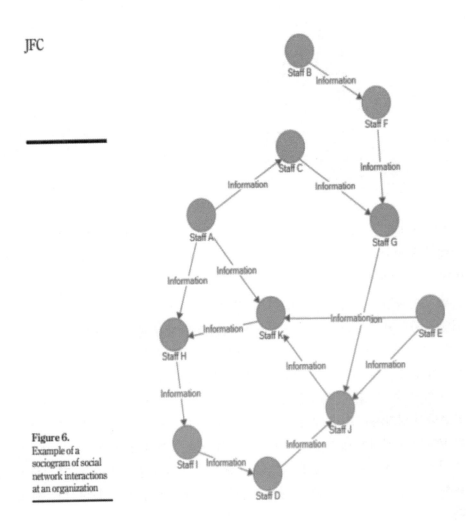

Figure 6.
Example of a
sociogram of social
network interactions
at an organization

Case	Degree	Betweenness	Closeness
Staff A	3	10	0.048
Staff B	1	0	0.029
Staff C	2	9	0.045
Staff D	2	9	0.043
Staff E	2	0	0.043
Staff F	2	18	0.038
Staff G	3	37	0.053
Staff H	3	8	0.043
Staff I	2	3	0.038
Staff J	4	36	0.059
Staff K	4	14	0.053

Table VI.
Example of centrality
analysis results

'스태프 J'와 '스태프 K'의 중심성 분석 결과에서 둘 다 가장 근접한 중심성 점수
가 4이다. 이는 두 직원이 다른 사람에게 직접 연락할 수 있는 능력 때문에 조직 내
다른 사람에게 영향을 미칠 뿐만 아니라 정보를 전파하는 데 중추적인 역할을 하
고 있음을 시사한다. 기술적으로 말해서, 중간 중심성은 "정점(즉, 사례 노드)이
다른 두 꼭지점 사이의 최단 경로에 얼마나 자주 놓여 있는지"와 관련이 있다
(QSR International, 2018b).

프리먼(1979)은 이러한 유형의 중심성 측정은 "그들을 연결하는 가장 짧은 지
오데틱 경로 상의 다른 지점들 사이에 점이 떨어지는" 사건의 수를 바탕으로 계산
된다고 설명했다. 사람은 다른 사람의 쌍을 연결하는 통신 경로에 전략적으로 위
치하여 자신의 네트워크에 영향을 미칠 수 있는 경우(예: 정보의 흐름을 보류하거
나 왜곡하여) 중심인물이라고 한다(Babelas, 1948; Freeman, 1979; Shaw, 1954). 표
VI에서 "스태프 G"는 가장 높은 중간 점수 37점을 가지고 있다. 이것은 그 사람이
자신의 조직의 네트워크를 통한 정보의 흐름에 가장 높은 영향력을 가지고 있음
을 시사한다(Newman, 2005). 프리먼(1979)에 따르면, 근접 중심성은 네트워크의
다른 모든 노드로부터의 한 노드(즉, 사람)의 거리의 합이다. NVivo 근접성 중심
성은 "정보가 특정 출발점에서 다른 사례에 도달할 수 있는 속도"와 관련하여 사
람들의 도달 범위를 측정한다(QSR International, 2018b). 즉, 주어진 네트워크에
서 정보에 가장 쉽고 빠르게 접근할 수 있는 사람을 나타낸다(QSR International,
2018b). 표 VI '스태프 J'의 중심성 분석 결과에서 근접한 중심성 점수가 0.059로
가장 높다. 이는 개인이 다른 네트워크 구성원보다 더 시간 효율적으로 네트워크

전체에 정보를 전파할 수 있음을 시사한다(Babelas, 1948).

소셜 네트워크 상호작용에서 "누가 누구인가"를 이해하면 조직 구성원들이 잠재적인 부패 방지 사건이나 활동 중에 유포된 지식과 정보에 어떻게 반응하는지에 대한 통찰력을 제공할 것이다. 부패방지기구는 그러한 통찰력을 통해 미래 활동의 설계를 개선하여 그 결과를 극대화할 수 있을 것이다.

NVivo R1으로 가서 File Classification 기능에 대해 시연을 하도록 하겠다.

File classification은 위치를 말한다.

File Classification > 아래와 같이 위치를 볼 수 있다.

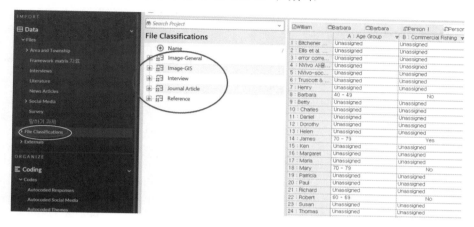

File Classification > Image-General 오른쪽 플러스를 클릭하면

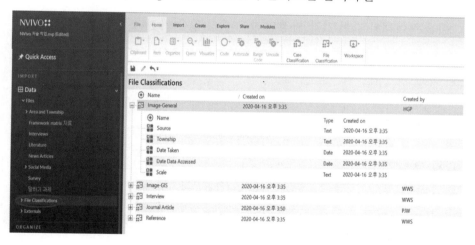

Source, Township, Data Taken, Data Accessed, 그리고 Scale의 속성이 있다.

General > Source 입력

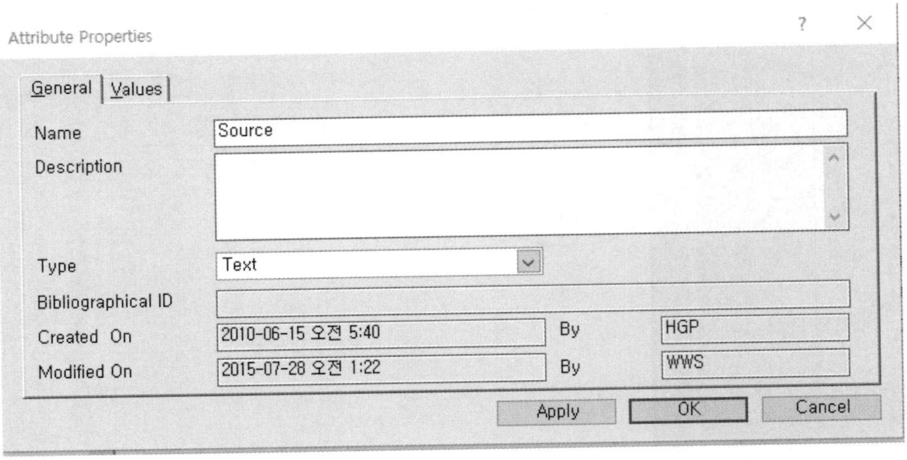

이들은 아래와 같이 각각 지정된 값은 속성 값을 가진다.

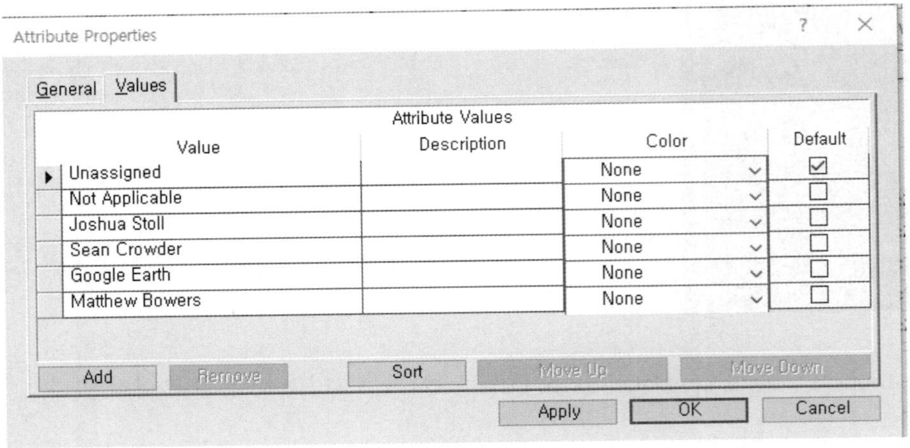

인터뷰에 응한 사람을 file classification으로 지정하거나

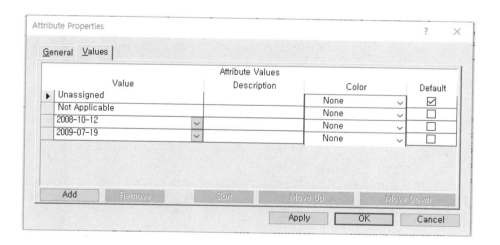

참여자의 주거 지역

자료 취득 시기

지정학적 정의로 분류하기도 한다.

제 2 장

Cases and Case Classifications란 무엇인가?

Cases는 측정 단위를 말한다. Case의 범위는 사람, 장소, 조직 또는 그 밖의 구조로 연구 맥락에 따라 다양하다. 여기서는 참고 프로젝트로 sample project를 사용하기로 하자.

Files 〉 Interviews 〉 Barbara 두 번 클릭

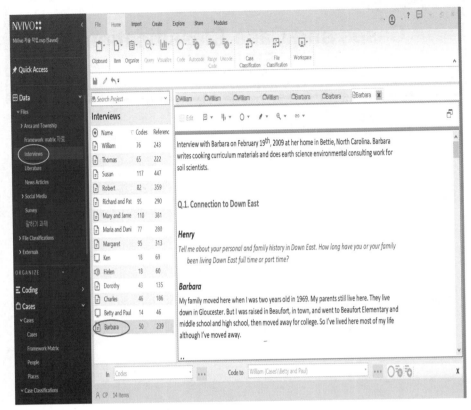

위의 자료를 살펴보면, Barbara 와 Henry 사이에 인터뷰가 진행이 되었다. Henry는 인터뷰를 맡은 사람이고 Barbara가 인터뷰에 응하였다. Henry는 Barbara 에게 물어 보았고 자료를 보면 누가 무엇을 말 했는지를 알 수 있다. 그러나, NVivo R1 상에서는 단지 텍스트의 내용이 많은 문서로만 보일 것이다. 인터뷰 문서를 통해서는 Henry와 Barbara가 각각 말한 내용을 볼 수는 없다. 그러나 인터뷰 참여자와 진행자에 대한 각각의 정보는 문서를 검색 할 때 매우 중요한 역할을 수행한다. 예를 들면, 특정한 파일에 가장 빈번하게 등장하는 말이 어떤 것이 있는지를

NVivo R1에게 물어보면 연구자와 참여자가 말한 내용이 섞여 나온다. Cases는 프로젝트를 시작할 때부터 이것을 분리하는 역할을 한다. 우선 수작업으로 세팅을 하는 방법을 살펴보도록 하자.

Cases folder 〉 오른쪽 마우스 클릭 〉 New case 클릭

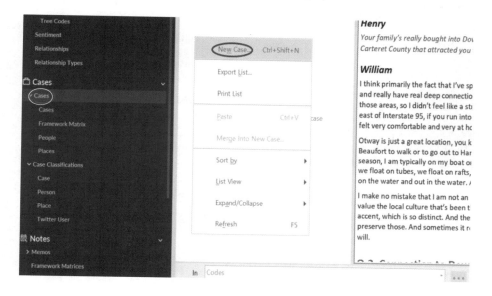

Barbara를 입력 〉 OK 클릭

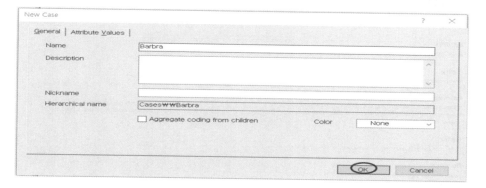

Cases 〉 Barbara가 등록된 것을 확인 할 수 있다.

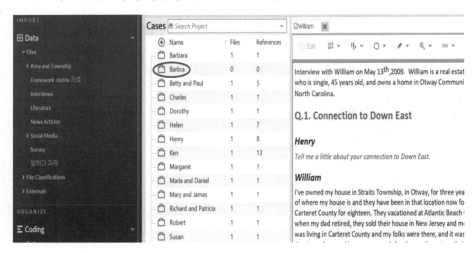

다음 단계는 Barbara와 연관 관계를 만들고 사례로 적용하는 것이다. 여러 가지 방법을 사용 할 수 있는데, 예를 들면, Barbara 진술을 하이라이트를 하고, 마우스 오른쪽 클릭 한다.

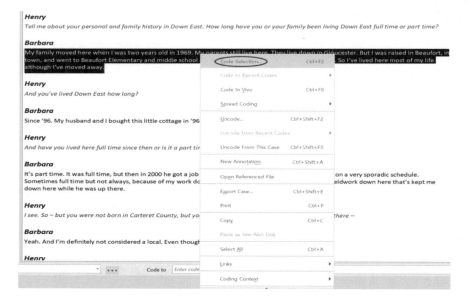

Barbara 〉 Code Selection 선택

Code to Recent Codes에 Barbara가 등록이 된 것을 알 수 있다.

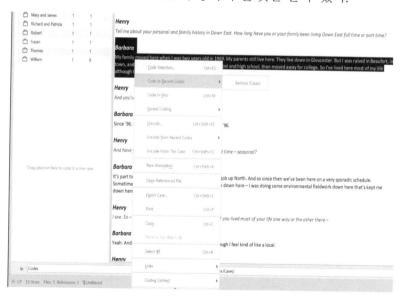

코딩 하고자 하는 내용을 끌어서 놓기를 할 수 있다.

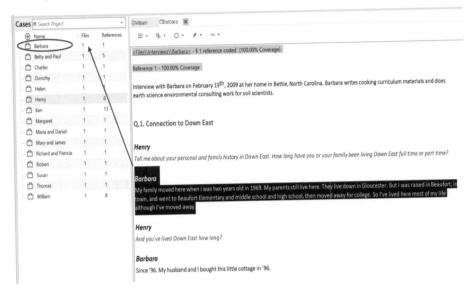

Cases 〉 Barbara 두 번 클릭 하면

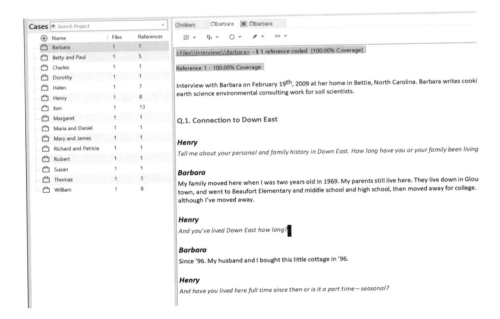

인터뷰가 아닌 Case version의 Barbara 자료를 만날 수가 있는데 여기에는 특정한 연구 참여자와 연관성을 보여주는 텍스트를 볼 수 있다.

연구 참여자 간의 대화만을 보여주는 인터뷰 자료와는 성격이 다른 자료라고 할 수 있다. 코딩을 하면서 자료를 이해하고자 할 때, Henry 가 Barbara에게 묻고 Barbara가 답한 내용을 모두 살펴보고 나서 인터뷰 자료를 사용 할 수 있을 것이다. 그러나 자료를 검색 할 때, 자료를 상세하게 보기 위하여 Case를 사용 한다. Case는 단지 인터뷰 자료의 복사본이 아니고 2차 소스로 연구자가 만든 것임을 명심하기 바란다.

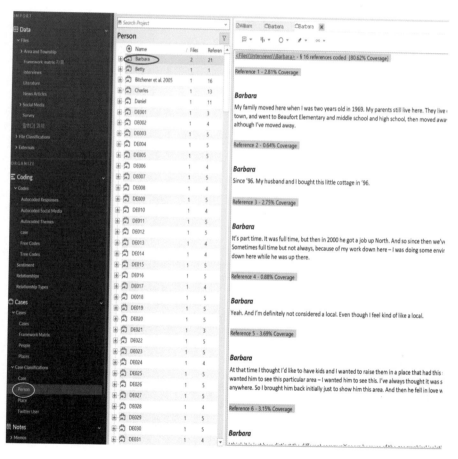

Coding Stripes 〉 All 선택

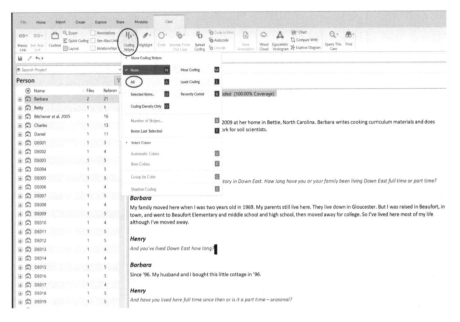

Person 〉 Barbara 〉 Coding Stripes 선택

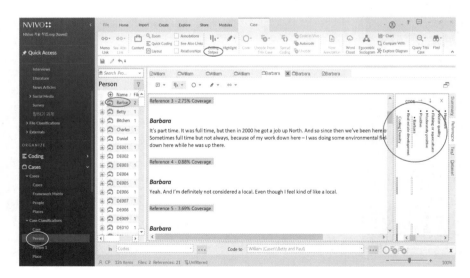

인터뷰 문서에 많은 정보가 첨가 된 것을 알 수 있다. 이것은 매우 중요한데, NVivo R1이 프로그램이기 때문에 단지 자료만 복사해서는 분석을 더 복잡하게 할 수 있고 Case가 가지고 있는 장점을 십분 활용 할 수 없기 때문이다. 추가 정보를 얼마든지 줄 수 있는데, 이것은 File Classification과도 매우 비슷한데 File Classification을 만든 것과 같은 방법으로 Case Classification을 만들 수 있다.

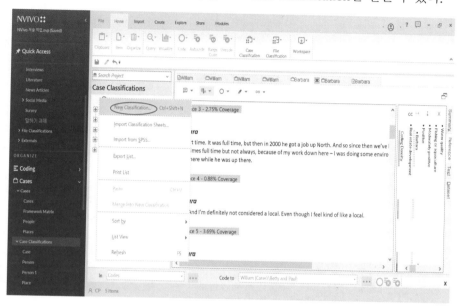

New Classification > Name: Person 1 > OK 클릭

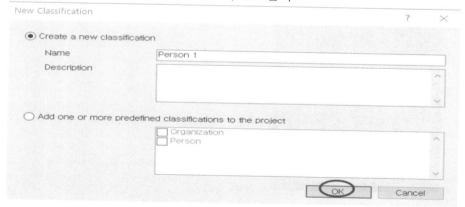

Case Classification > Person 1 > Open Classification Sheet 클릭

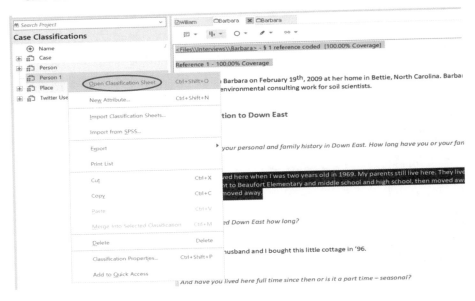

Case Classification > New Attribute 클릭

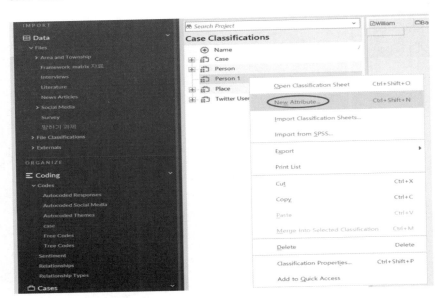

New Attribute > Gender 입력 > Values 클릭

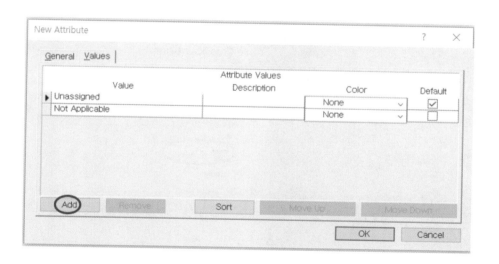

Add 클릭

Values를 Male과 Female로 지정하고 > OK 클릭.

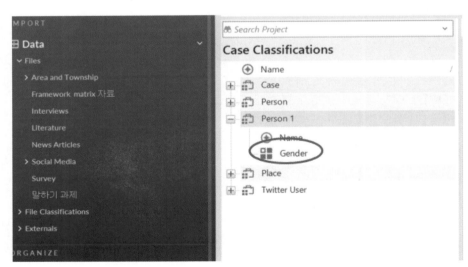

Case Classification > Person 1 아래에 Gender가 있다.

Cases 〉Barbra 〉Barbra 진술 부분 선택

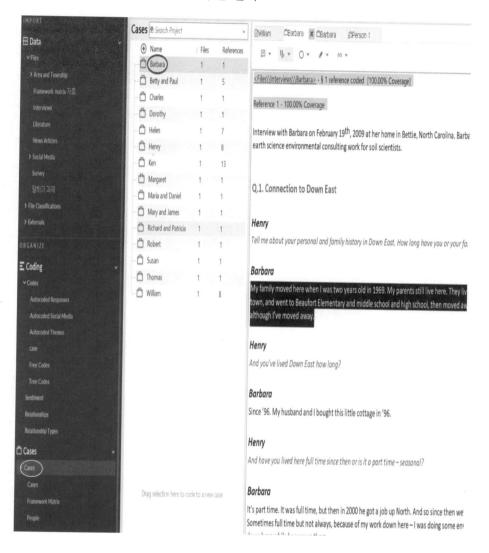

Cases 〉 Barbara 〉 마우스 오른쪽 클릭 〉 Case Properties 선택

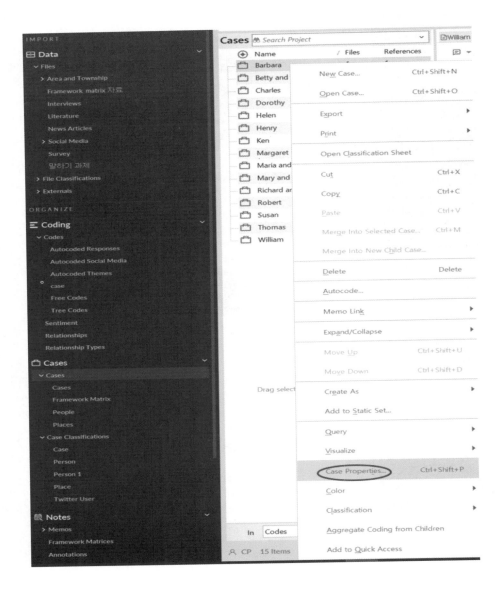

Case Properties > Attribute Values > Barbara 입력

Case Classification > Person 1 입력

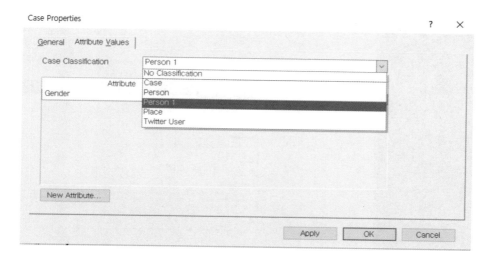

Attribute 〉 Gender 〉 Female 〉 OK 클릭

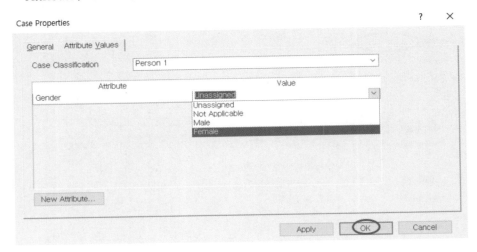

Cases는 너무나 중요하기에 그 중요성을 아무리 강조해도 지나치지가 않다.

Case Classification 〉 Person 1

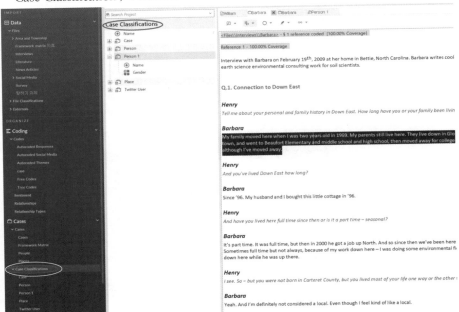

Classification > Person > Open Classification Sheet

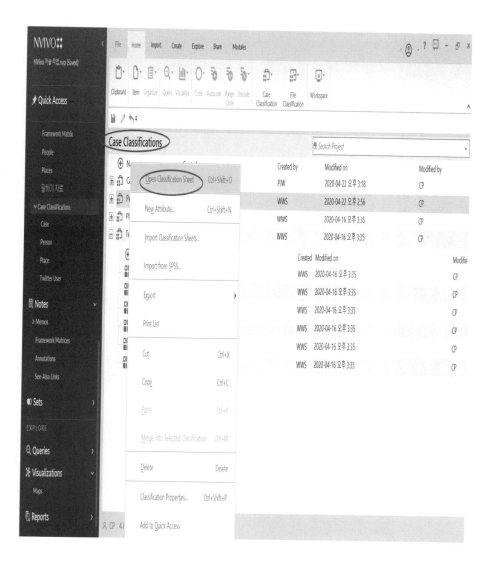

프로젝트에 저장된 여러 가지 Cases 가 있다.

인터뷰 참여자뿐만 아니라 설문에 참여한 사람들에 관해 다양한 범위의 풍부한 자료를 볼 수 있다. 나중에 자료 검색을 할 때 십분 활용 할 수 있는 귀중한 자료임을 알 때가 왔다. 위의 자료로 바탕으로 연구자가 던질 수 있는 질문은

Davis County 출신의 사람들에게 가장 공통적인 주제는 무엇인가?

Cedar Island에 주거하는 사람들이 가장 빈번하게 사용하는 말은 무엇인가?

남자와 여자의 의견 차이를 보기 위하여 여러 가지 검색을 할 수 있으며,

어떤 사람은 흥미가 있고 어떤 사람은 반대인 경우가 세대 차에 기인하는 것인가?

여러분들의 프로젝트에서 어떤 속성과 사례가 도움이 될지에 대해 매의 눈으로 지켜보아야 할 것이다. Cases가 없다면, NVivo R1은 문서간의 차이를 찾아 줄 수 없는데, 질문의 예를 들면,

인터뷰 진행자와 면담자가 어떤 사례가 너무나도 유용하고 프로그램 후기에도 필요하다고 말하고 있는가?

여러분이 인터뷰, 포커스 그룹, 또는 설문 조사를 한다면, 이런 질문은 가장 본질적인 질문이 될 것이다.

제 3 장

Coding이란 무엇인가?

NVivo 시작 창에서 Sample Project를 클릭

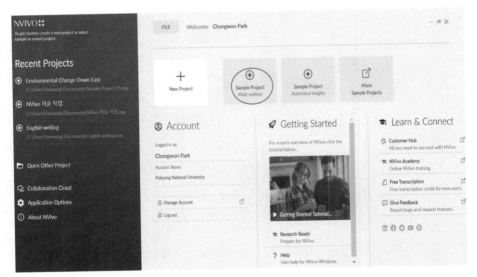

Start tour에서 NVivo R1의 특질을 살펴보고 〉Import Project를 클릭

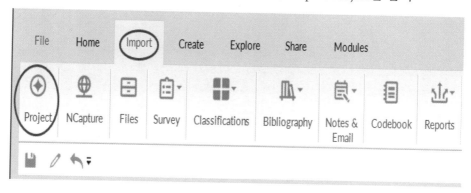

Browse 클릭

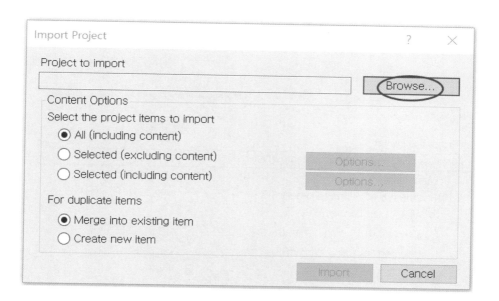

문서 〉 NVivo 저술 작업

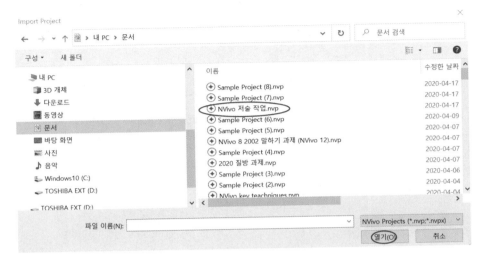

Import Project 대화 창 〉 import all, merge into existing item 〉 Import 클릭

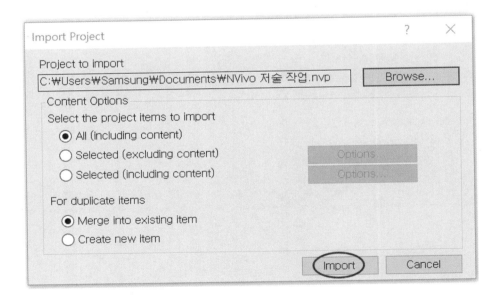

Sample Project로 NVivo 저술 작업 Project가 들어 왔다.

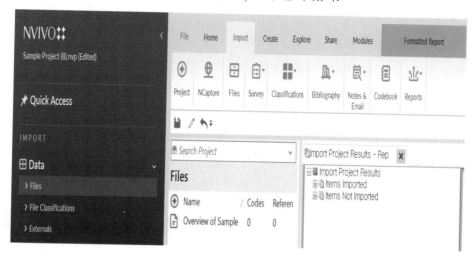

1. Coding Query

Coding Query는 코딩을 탐구하는 것을 목적으로 하는 매우 중요한 기능을 담당하고 있다.

Codes를 여는 것과 유사한 매우 기본적인 Coding Query는 NVivo의 다양한 기능 중에서 그 가치를 제대로 인정받고 활용하지 못한 상처 받은 도구라 볼 수 있고 여기서 특히 기본에 충실한 시연을 함으로써 Coding Query가 가지고 있는 엄청난 잠재력을 독자가 체험해 보기를 바란다. Coding 아래 Codes를 클릭

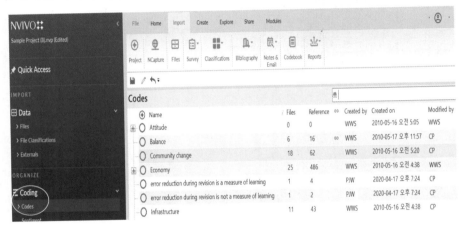

Memorable quotes를 두 번 클릭하면 가장 기본적인 코딩 내용을 볼 수 있다.

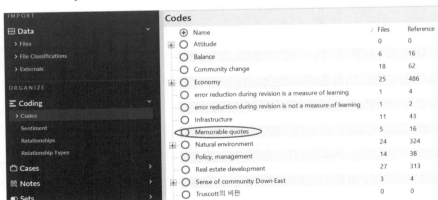

Query는 하나의 코딩에 대한 내용을 전시한다.

Coding Query는 연구자가 자신만의 coding query를 진행하는데 있어 복수 층의 논리를 동반하는 매우 정교한 방식으로 검색이 이루어진다는 것이 두드러진 특징이다.

Explore 〉 Queries 〉 Coding 클릭

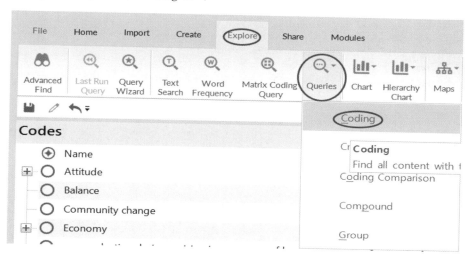

상세 보기에서 옵션 선택

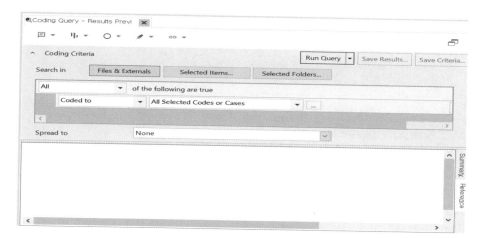

검색을 수행하기 위하여 다층의 논리를 첨가해 나간다.

Coding Query 〉 All 우측의 플러스 표시를 클릭

아래와 같이 두개의 열을 만들 수 있다.

선택된 Case나 Code에 있는 내용을 찾아보자.

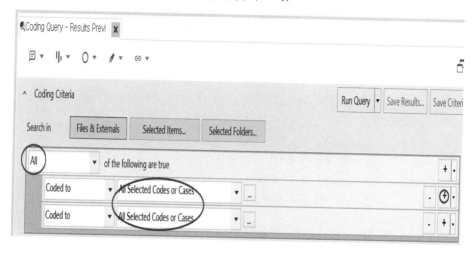

Coding Query–Results 에서

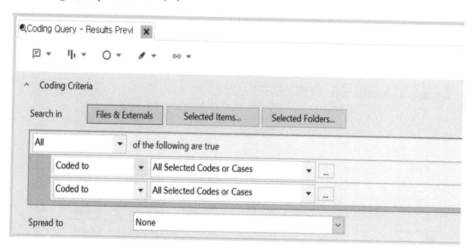

Coded to 〉 All Selected Codes or Cases 〉 …을 클릭

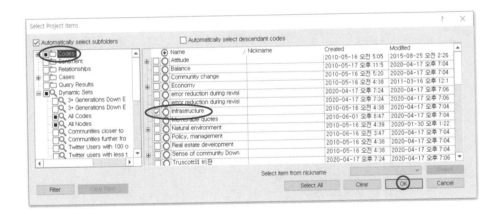

Codes 〉 Infrastructure 〉 OK 클릭

Coded to 〉 All Selected Codes or Cases 〉 ··· 클릭

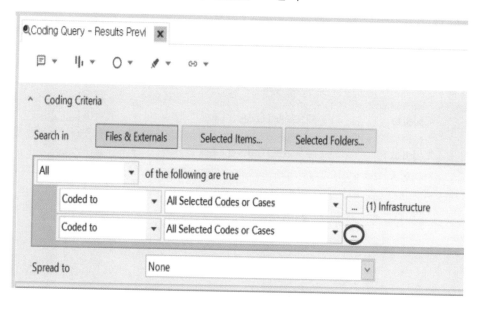

Codes 〉 Positive 〉 OK 클릭

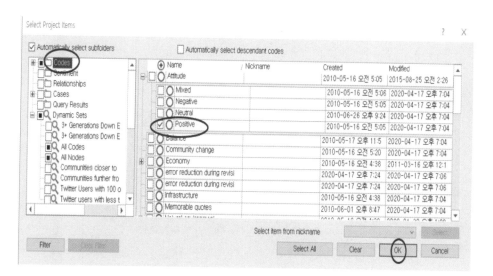

Infrastructure와 positive sentiment에 있는 내용 중에 중복되는 내용을 Coding Query가 찾아준다.

Run Query 클릭

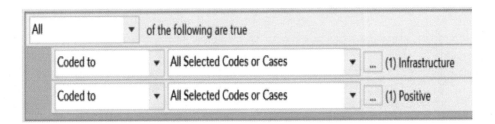

아래와 같은 결과를 볼 수 있다.

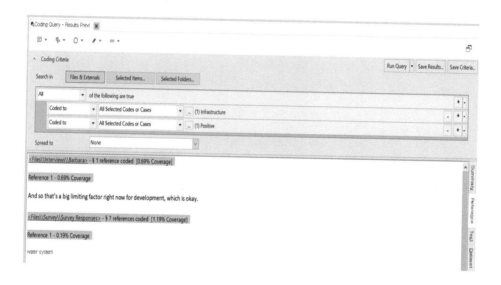

두개의 코딩 사이에 중복되는 요소를 볼 수 있는데 기대한 만큼 많이 중복 되는 것 같지는 않다.

Coding Stripes 클릭

Coding Stripes > All 클릭

아래와 같이 코딩의 내용을 탐구해 나갈 수가 있다.

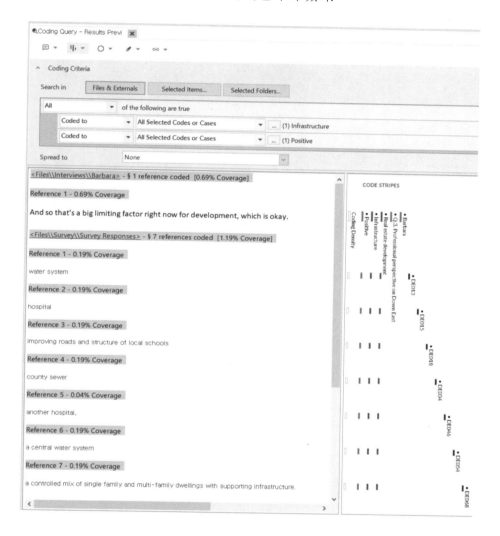

Infrastructure에서 긍정적 감정이 적색으로 많이 진술되어 있는 것을 알 수 있다.

NVivo R1 2020에서 한 가지 달라진 점이 코딩을 보는 방식이 수평과 수직으로 선택이 가능하다는 것이다. 아래는 현재 코딩이 전시되는 방식을 말하는데 전시 방법을 바꾸려면 다음 그림에서 원으로 표시된 부분의 역삼각형을 클릭한다.

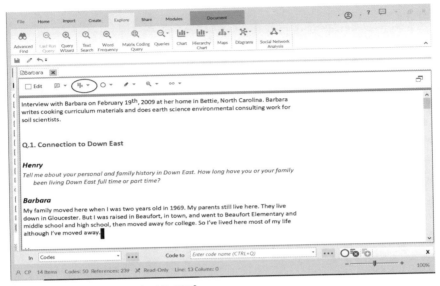

Show Coding Stripes 〉 All 클릭

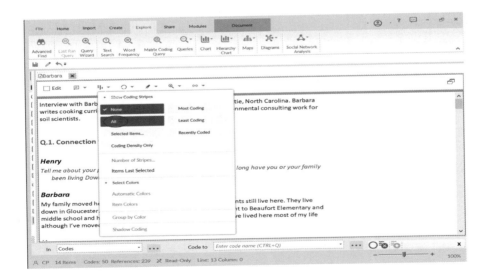

아래에 원으로 표시된 부분이 코딩 줄무늬 보기 애초 값으로 지정된 것이다.

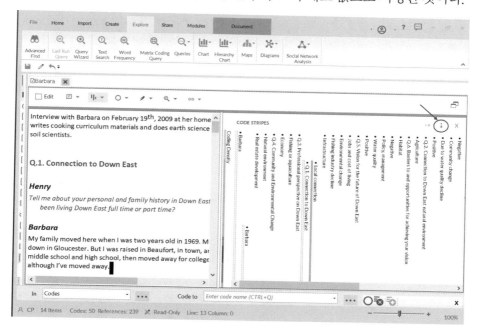

좌측으로 이동하여 클릭 한다.

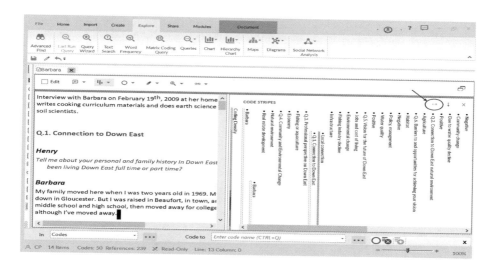

아래와 같이 전시 방식이 바뀐 것을 알 수 있다.

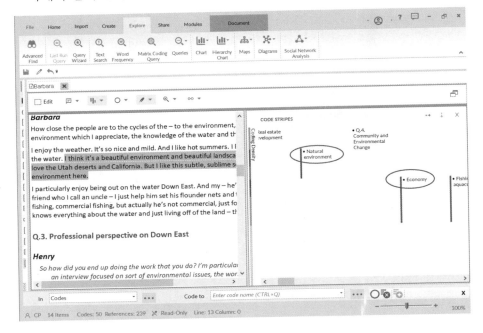

Coding Query의 범위는 무궁무진하다.

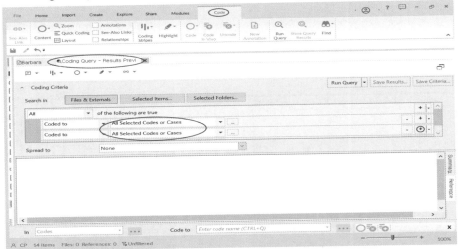

복잡한 검색을 수행하기 위하여 여러 개의 열을 만들 수 있다.

자료가 풍부하지 않으면 검색 범위를 좁히면 좁힐수록 원하는 결과를 얻지 못할 수도 있다는 점을 명심하라.

아래의 All Selected Codes or Cases 옆의 ⋯을 클릭

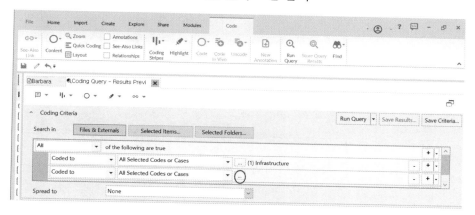

Codes 〉 Mixed, Negative, 그리고 Positive 체크 마크 〉 OK 클릭

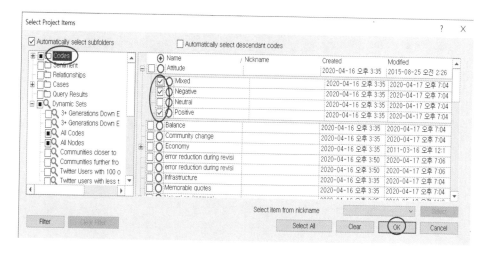

Run Query 실행

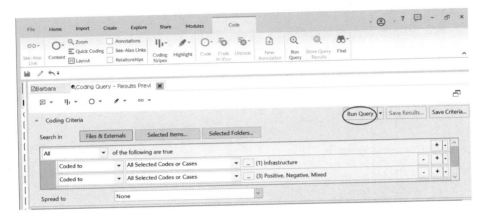

아래와 같이 원하는 결과를 얻지 못할 수도 있다.

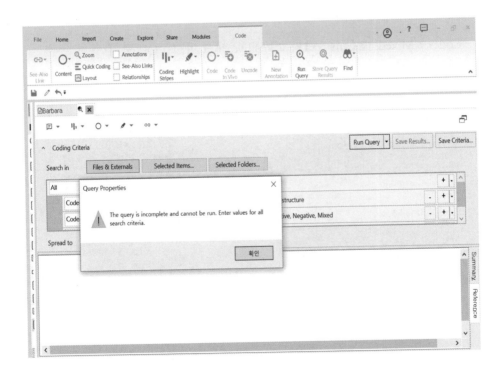

우측의 플러스 표시를 클릭

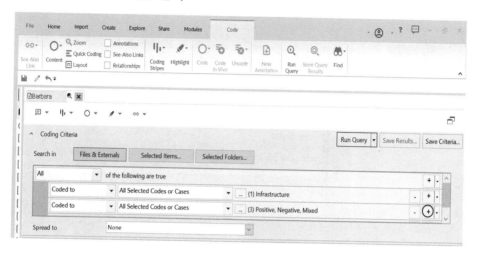

Coded to > Any Case Where 선택 > ⋯ 클릭

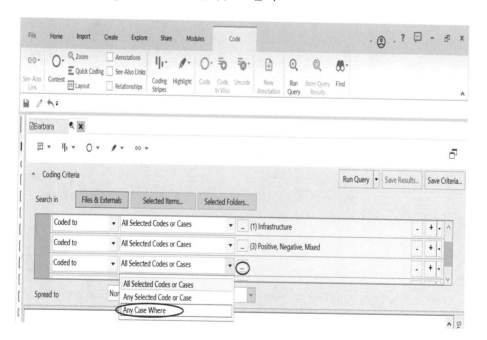

Case 속성 값을 보려면 Person 〉 Gender 〉 OK 클릭

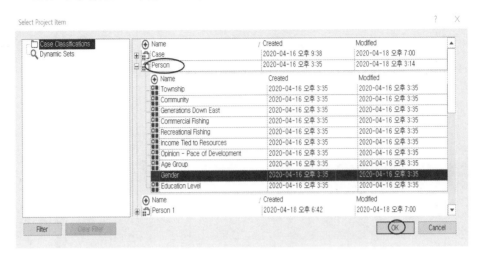

Equal values 옆의 Female을 선택

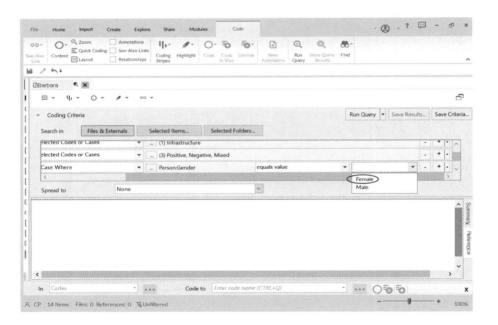

Any Case Where 우측 플러스 클릭

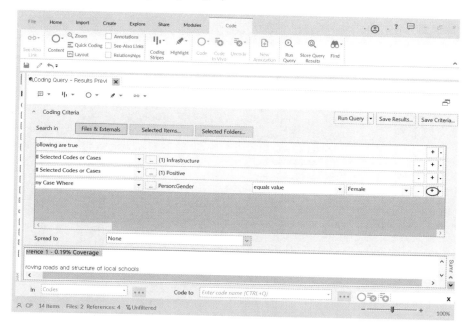

새로 만든 All Selected Codes or Cases 옆의 …클릭

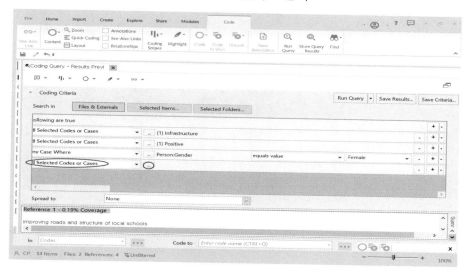

Codes > Real estate development > OK 클릭

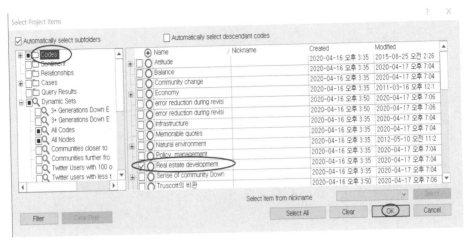

Run Query 실행

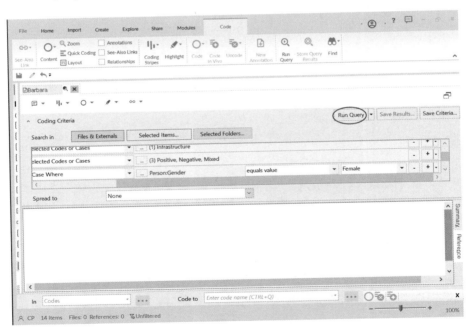

아래와 같은 결과를 볼 수 있다.

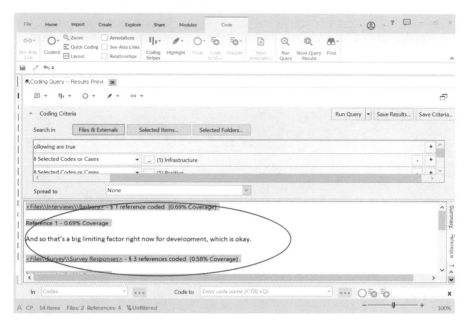

코딩 줄무늬를 불러오려면 아래의 원 옆에 있는 역삼각형을 클릭

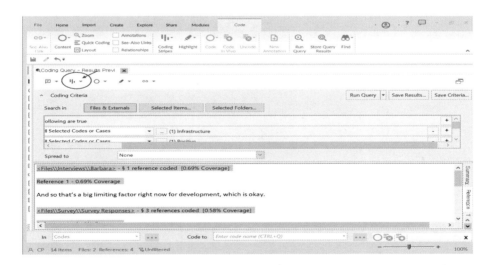

Coding Stripe > All 선택

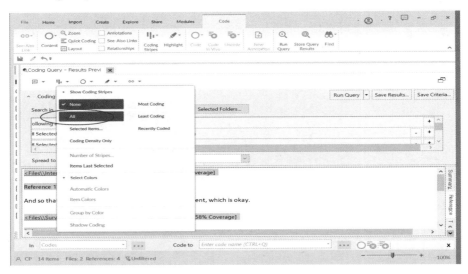

Run Query 실행

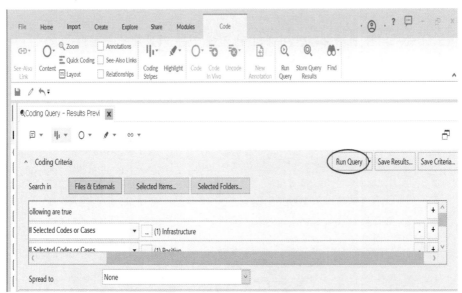

Real Estate 관련 언급한 모든 여성들의 담화 내용을 볼 수 있다.

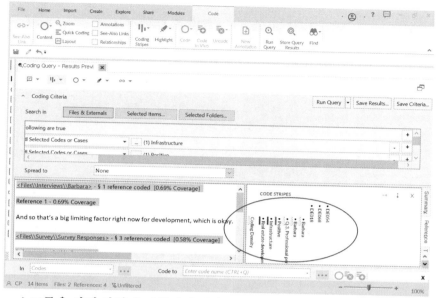

스크롤을 아래 가져가 보았더니 많은 여성들이 real estate 에 대해 진술하고 있는 것을 알 수 있는데 여기에 논리의 층을 더해 볼 수 있다.

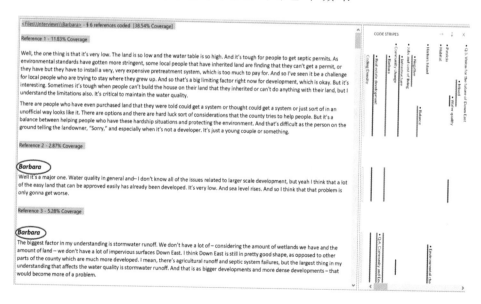

논리의 층을 더하려면 다시 한 번 우측의 플러스 클릭

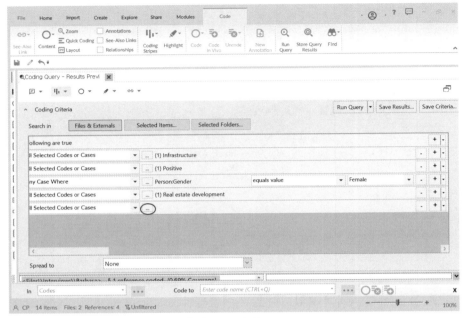

Coded to 〉 Any Case Where 지정 〉 …클릭

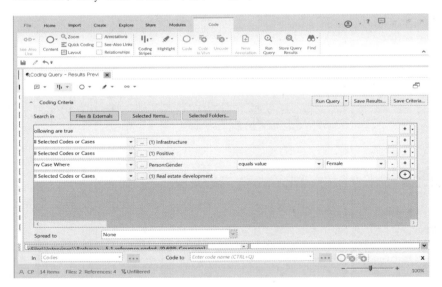

Case Classification 〉 Community 선택 〉 OK 클릭

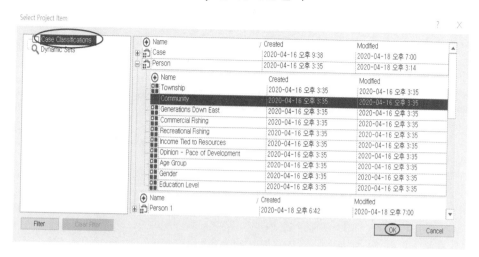

Equals value 〉 Marshallberg 선택

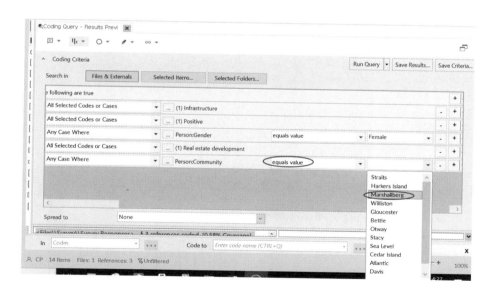

Run Query 실행

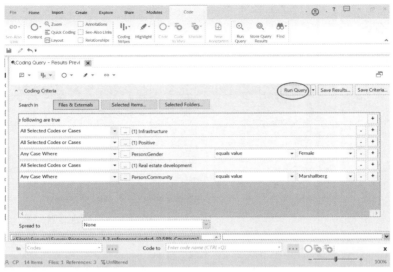

아래와 같은 결과를 얻을 수 있다.

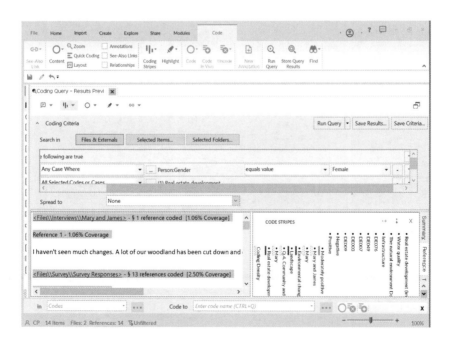

항목이나 폴더를 선택하여 검색을 할 수도 있다. Selected Items 클릭

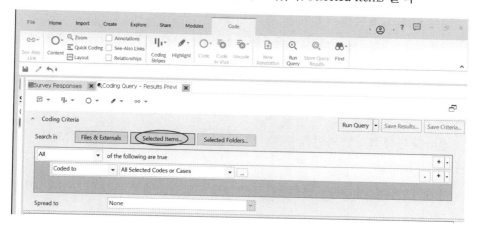

Files > Survey 검색을 하면 설문지 응답에 제한을 둔 검색을 할 수 있다.

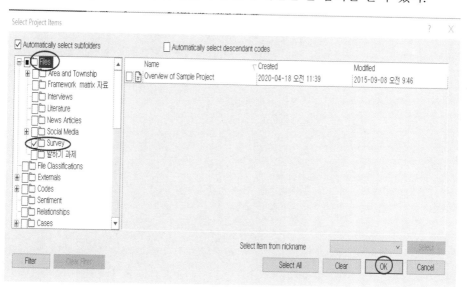

Coding Query는 사례 속성과 그룹 개별 간의 비교가 가능하다는 이유로 비교연구에서 매우 유용하게 사용할 수 있는 기능이다.

서로 다른 그룹, 서로 다른 지역사회 또는 서로 다른 지역의 비교와 같은 복수자료를 살펴보려고 할 때 또한 Coding Query가 도움이 되는데 예를 들면, 프로그램 개선을 위한 개입이 되기 전과 후의 변화를 코딩 간의 변화를 통해 살펴 볼 수 있다.

필터를 통해 특정한 파일을 볼 수 있지만 같은 자료 세트 간의 공통점도 살펴 볼 수도 있다.

마지막으로 Coding Query에는 검색 결과를 프로젝트에 추가를 할 수 있는 기능이 있다.

결과를 저장하고 검색을 신속하게 하려면 Save Results 클릭

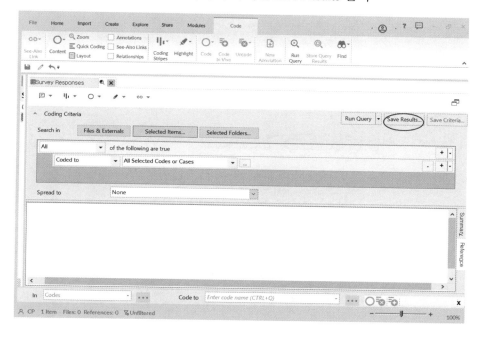

결과 저장에서 옵션이 있다. Select 선택

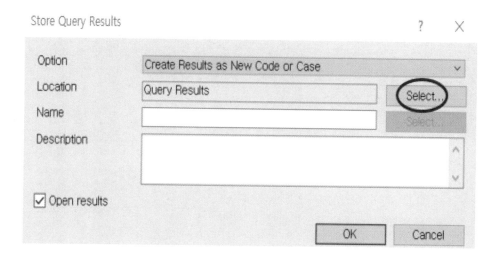

검색 결과를 New Code 또는 Case나 Existing Code나 Case에 저장 할 수 있다.

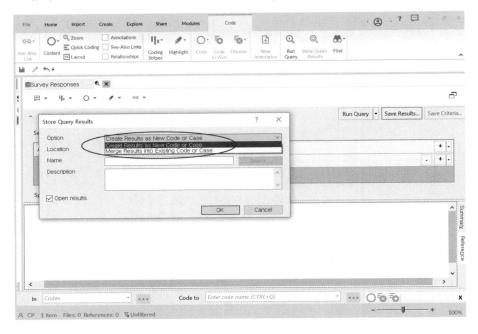

Query Results에 저장 선택 > Select 클릭

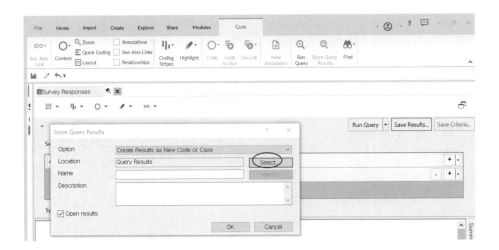

Select Location 〉 Query Results 〉 OK 클릭

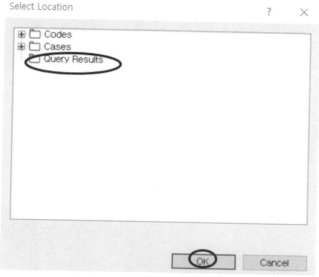

Coding Query는 논리를 이해하는데 있어 시간이 많이 걸리고 연구자가 자료에 대해 깊이 있게 이해를 해야만 효율적인 검색 결과를 보장 받을 수 있다. 또한 Coding Query의 고유한 기능을 스크린상으로 꼼꼼하게 훑어보아야 본인이 원하는 검색이 무엇인지를 정확히 확인 할 수가 있으며, 연구자가 하려는 검색에 대해 확신을 가질 수가 있을 것이다.

Memorable quotes 〉 세번째 Coded at 역삼각형 클릭

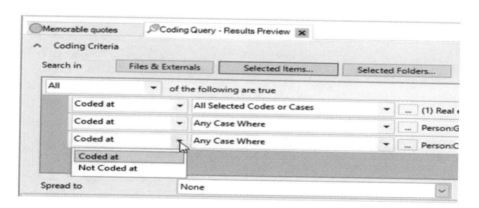

코딩이 되어 있지 않는 것을 보려면 Coded to 에서 Not Coded to 선택

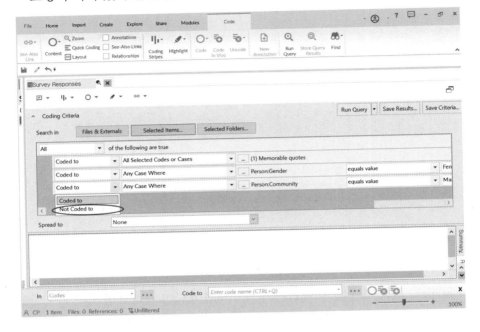

Run Query 선택

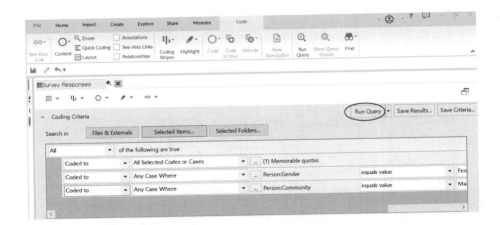

Code Memorable Quotes와 관련하여 Marshallburg 주거자가 아닌 사람들이 언급한 것을 찾아 볼 수 있는데 이전 검색과는 다른 결과를 볼 수 있다.

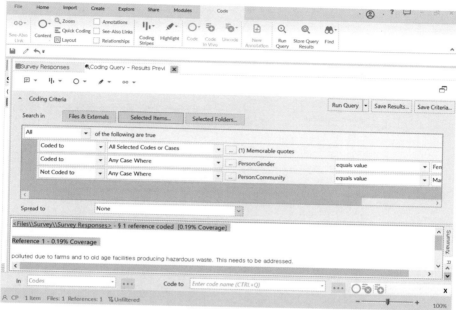

Female 에서 Not Coded to 를 선택하면 여성이 아닌 남성이 진술한 내용만 찾아준다.

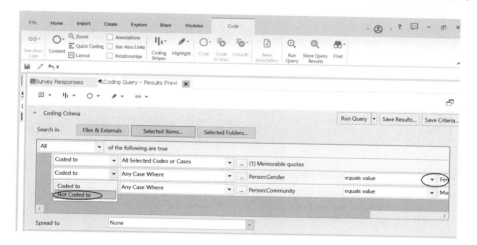

Run Query 실행

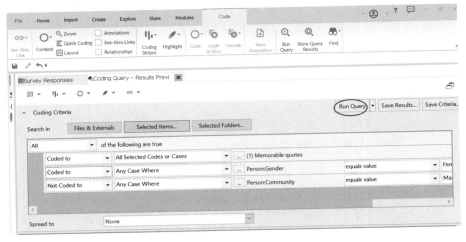

남자 부분 진술만 아래에서 볼 수 있다.

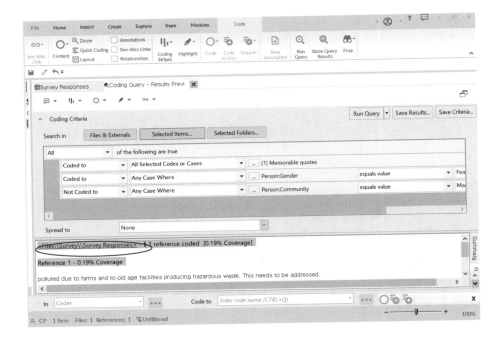

Think qualitatively

Coding Query에서 검색의 범위를 다시 한 번 정리해 보자. 먼저 All Selected Codes or Cases 옆의 …을 클릭한다.

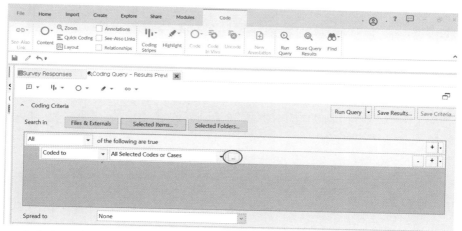

아래의 그림과 같이 All Selected Codes or Cases의 범위는 Codes, Sentiment, Relationships, Cases, Query Results, Dynamic Sets이다. 우리가 여기서 특히 관심을 갖는 것이 코딩이다. All Selected Codes or Cases는 선택된 모든 코딩이나 사례를 말한다.

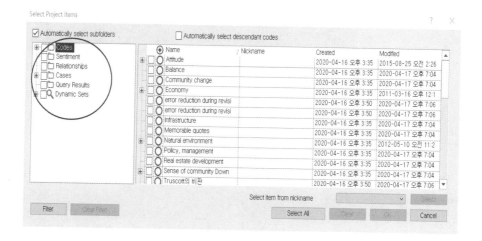

다음으로 Any Selected Code or Case의 검색 범위는 All Selected Codes or Cases와 같은 것을 알 수 있다.

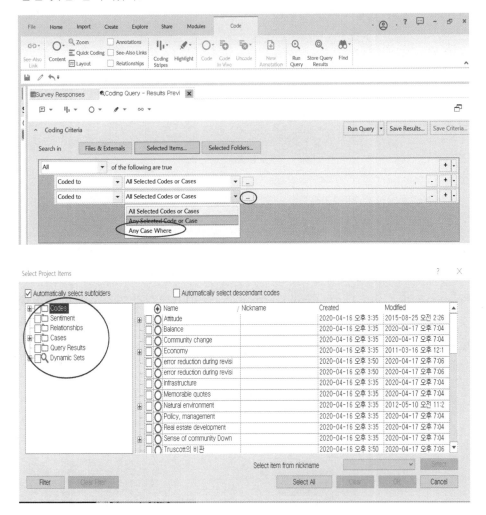

즉, 검색의 대상은 같으나 검색의 범위가 전체인지 선택된 부분인지 구별하는 것이 서로 다르다.

마지막으로 Any Case Where의 경우는

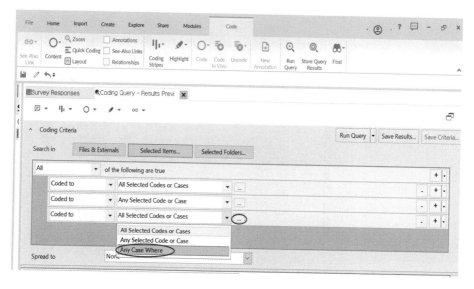

Case, Person, Place, 그리고 Twitter user로 나누어져 있는데,

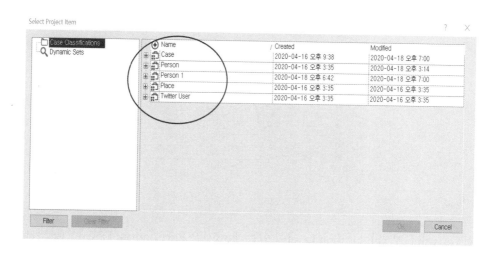

Case Classification 〉 Case의 플러스 표시를 클릭 하면 말하기 과제에서 나온
Ability 부터 듣기 능력이 있으며

두 번째, Person 옆의 플러스 표시를 클릭 하면,

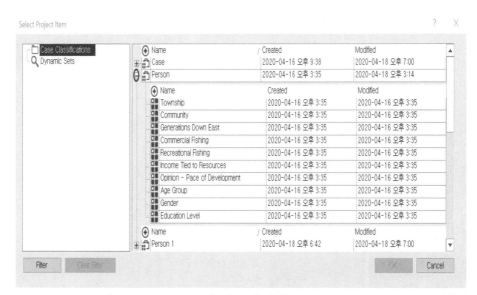

Township 부터 Education Level이 있는데 이것은 Environment Down East 과제
에서 나온 Case 값이며,

Place의 플러스 표시를 클릭 하면,

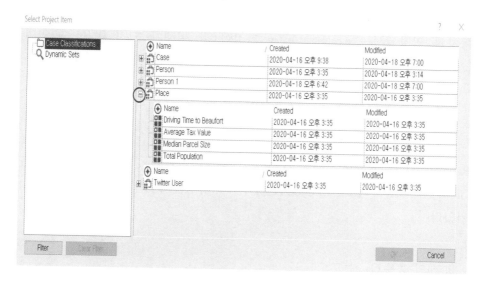

Driving Time to Beaufort에서 Total Population이 있고,

마지막으로 Twitter User 옆의 플러스 표시를 클릭하면

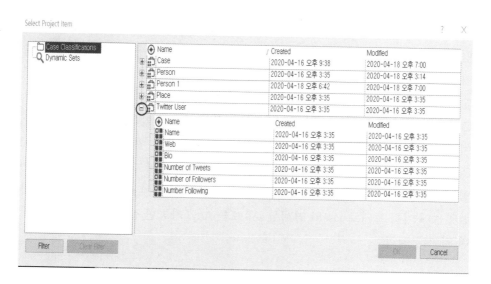

Name 아래에 Name 부터 Number Following이 있다. 이러한 코딩이나 사례는 특정한 프로젝트에서 나온 것이기 때문에 연구 맥락을 제대로 이해하지 못하면 독자의 입장에서는 Coding Query 과정이 잘 이해가 되지 않을 수 있다. Environmental Down East 과제의 경우 Person과 Place가 해당이 되는데

Person의 하부 Case는

Township, Community, Generations Down East, Commercial Fishing, Recreational Fishing, Income tied to Resources, Option-Place of Development, Age Group, Gender, 그리고 Education Level이 각각 속성값이 지정된 상태로 분류가 되어있다.

Place의 하부 Case는

Driving Time to Beaufort, Average Tax Value, Median Parcel Size, 그리고 Total Population 이 있다.

Coding Query의 핵심은 Codes에 대한 전체 또는 부분적 검색을 하기도 하고 코딩과 관련된 사례를 가지고 검색을 하기도 하는데, 정해진 수만큼의 검색을 할 수가 있다. 질적 연구의 경우 연구 질문이 처음부터 나오는 것이 아니고 원 자료를 수집하고 분석하는 과정에서 나온다는 것을 부인하는 사람은 없을 것이며, Coding Query는 연구자의 탐구 과정에 중요한 조력자 역할을 한다고 볼 수 있다. 여러분들의 사고과정을 좀 더 질적 연구자답게 만들기 위해서, Environmental Down East 과제에서 Codes by Case, Case by Case로 검색 가능한 질문은 어떤 것이 있는지를 알아보자. 아래는 Environmental Down East 에서 나온 코딩 값을 도식화 하였는데 이를 토대로 case와 연계한 (All 또는 Any) 가능한 질문의 수를 생각해보면 얼마나 될까?

Environmental Down East *Search Project*

Name	Files	References
Attitude	0	0
Mixed	8	44
Negative	14	499
Neutral	1	27
Positive	12	421
Balance	6	16
Community change	18	62
Economy	25	486
Agriculture	8	20
Fishing or aquaculture	19	367
Fishing industry decline	14	183
Due to cost of doing business	7	13
Due to environment impacts of fishin	7	14
Due to foreign competition	8	22
Due to natural variation	3	6
Due to regulations	5	15
Due to tourism and development	6	13
Due to water quality decline	10	22
Jobs and cost of living	16	86
Tourism	7	12

○ Infrastructure	11	43
○ Memorable quotes	5	16
⊟ ○ Natural environment	24	324
○ Ecosystem services	9	13
○ Environmental change	14	42
○ Environmental impacts	6	26
○ Habitat	17	43
○ Landscape	11	38
○ Renewable energy	1	15
○ Water quality	13	147
○ Policy, management	14	38
○ Real estate development	27	313
⊟ ○ Sense of community Down East	3	4
○ Local connection	13	35
○ Local identity	14	43
○ Local knowledge	5	7

먼저 전체 코딩 수를 파악하려면 Explore 〉 Matrix Coding Query 선택

Matrix Coding Query 〉 하단 좌측 플러스 클릭

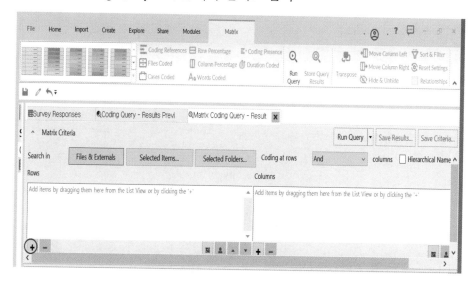

Codes 〉 해당 하부 노드 체크 마크 〉 OK 클릭

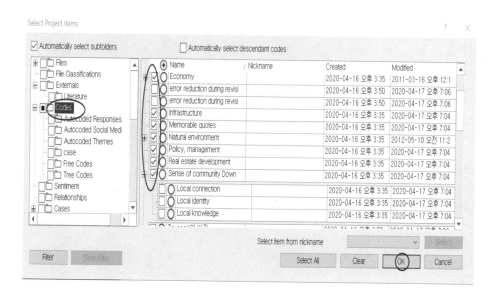

우측의 플러스 표시 클릭

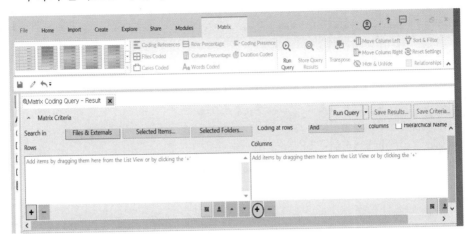

Files 〉해당 체크 마크 〉OK 클릭

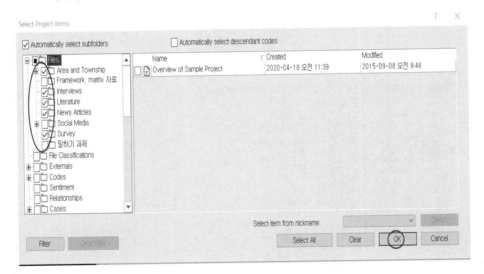

Run Query 실행

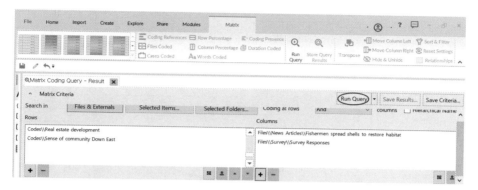

아래와 같이 Environmental change down east에 나오는 전체 코딩을 볼 수 있다.

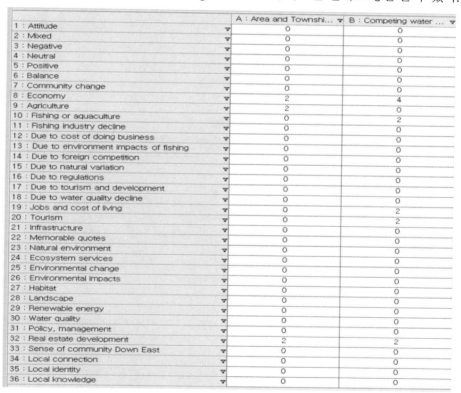

	A : Area and Townshi... ▼	B : Competing water ... ▼
1 : Attitude	0	0
2 : Mixed	0	0
3 : Negative	0	0
4 : Neutral	0	0
5 : Positive	0	0
6 : Balance	0	0
7 : Community change	0	0
8 : Economy	2	4
9 : Agriculture	2	0
10 : Fishing or aquaculture	0	2
11 : Fishing industry decline	0	0
12 : Due to cost of doing business	0	0
13 : Due to environment impacts of fishing	0	0
14 : Due to foreign competition	0	0
15 : Due to natural variation	0	0
16 : Due to regulations	0	0
17 : Due to tourism and development	0	0
18 : Due to water quality decline	0	0
19 : Jobs and cost of living	0	2
20 : Tourism	0	2
21 : Infrastructure	0	0
22 : Memorable quotes	0	0
23 : Natural environment	0	0
24 : Ecosystem services	0	0
25 : Environmental change	0	0
26 : Environmental impacts	0	0
27 : Habitat	0	0
28 : Landscape	0	0
29 : Renewable energy	0	0
30 : Water quality	0	0
31 : Policy, management	0	0
32 : Real estate development	2	2
33 : Sense of community Down East	0	0
34 : Local connection	0	0
35 : Local identity	0	0
36 : Local knowledge	0	0

Export Coding Matrix 클릭

		A : Area and Townshi... ▾	B : Competing water ... ▾
1 : Attitude	▾	0	0
2 : Mixed	▾	0	0
3 : Negative	▾	0	0
4 : Neutral	▾	0	0
5 : Positive			0
6 : Balance			0
7 : Community change			0
8 : Economy			4
9 : Agriculture			0
10 : Fishing or aquaculture			2
11 : Fishing industry decline			0
12 : Due to cost of doing business			0
13 : Due to environment impacts of 1			0
14 : Due to foreign competition			0
15 : Due to natural variation			0
16 : Due to regulations			0
17 : Due to tourism and development			0
18 : Due to water quality decline			0
19 : Jobs and cost of living			2
20 : Tourism			2
21 : Infrastructure			0
22 : Memorable quotes			0
23 : Natural environment			0
24 : Ecosystem services			0
25 : Environmental change			0
26 : Environmental impacts			0
27 : Habitat			0
28 : Landscape			0
29 : Renewable energy			0
30 : Water quality			0
31 : Policy, management			0
32 : Real estate development			2
33 : Sense of community Down East			0
34 : Local connection	▾	0	0
35 : Local identity	▾	0	0
36 : Local knowledge	▾	0	0

Context menu overlay:

Open Coding Matrix Cell

(Export Coding Matrix...)   Ctrl+Shift+E

Print   Ctrl+P

Copy   Ctrl+C

Links ▸

Cell Content ▸

Cell Shading ▸

Transpose

Row ▸

Column ▸

Reset Settings

Sort by ▸

Store Query Results...

바탕화면 〉 파일 형식을 엑셀로 지정 〉 저장 클릭

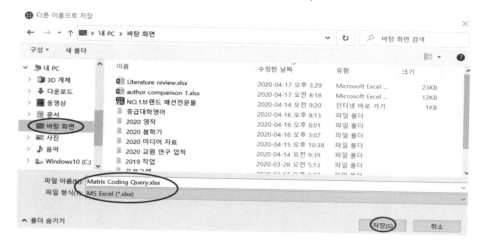

저자의 바탕화면 〉 Matrix Coding 엑셀 문서 두 번 클릭

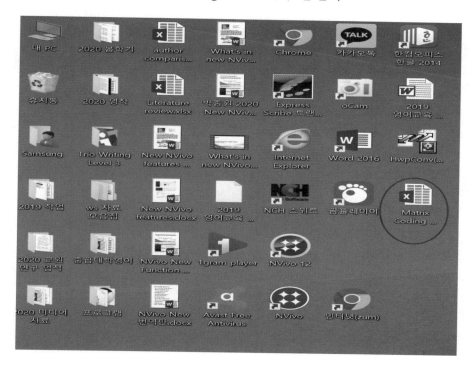

아래와 같이 엑셀 파일로 정리가 된 것을 볼 수 있다.

	A	B	C
1	Themes/Codes	A : Area and Township Informatio	B : Competing water uses
2	1 : Attitude	0	0
3	2 : Mixed	0	0
4	3 : Negative	0	0
5	4 : Neutral	0	0
6	5 : Positive	0	0
7	6 : Balance	0	0
8	7 : Community change	0	0

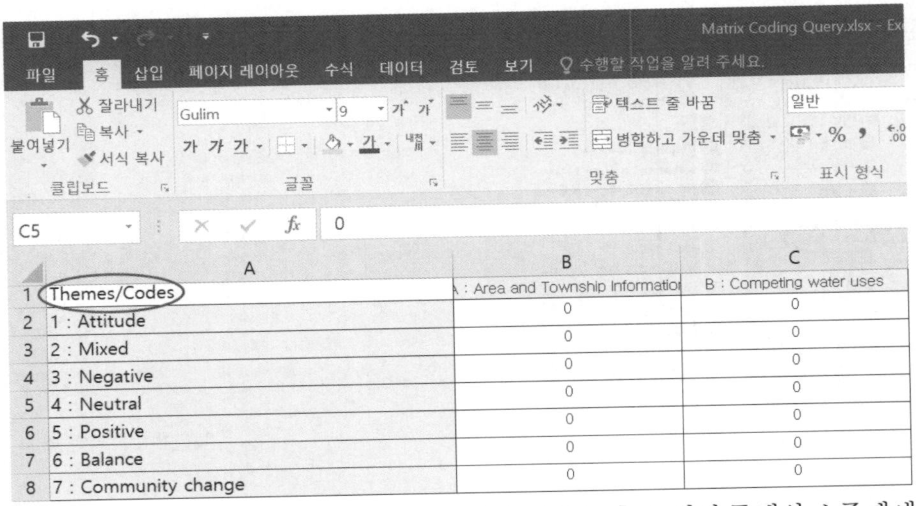

이렇게 하면 Environmental Down East에 등장하는 총 36개의 주제와 소주제에 대한 코딩 정보를 파악할 수 있고 주제나 소주제를 모두 타자를 치지 않아도 글자로 바꾸어 작업을 진행 할 수 있다.

다시 이전의 질문으로 돌아가면 Environmental Down East에서 코딩과 사례를 통해 물어 볼 수 있는 질문의 수는 몇 개인가?

총 코딩 수 36

Person의 하부 Case는 총 11개

Township, Community, Generations Down East, Commercial Fishing, Recreational Fishing, Income tied to Resources, Option-Place of Development, Age Group, Gender, 그리고 Education Level

Place의 하부 Case는 총 4개

Driving Time to Beaufort

Average Tax Value

Median Parcel Size

Total Population

따라서 예상 가능한 질문 수는 총 1584개이다. 그렇다고 해서 자료를 바탕으로 한 모든 질문이 의미가 있는 것은 아니고 연구자가 스스로 의미 있는 질문을 찾아 나가야 한다. 예를 들면 본 저서의 시연에서 자료를 바탕으로 도출된 질문은

태도 (코딩)에 대해서

성별 (Case)에서 여성을 지정하고

특정 주거 지역을 지정했을 때 어떤 내용이 진술되고 있는가?

All Coding > attitude > Any case where gender, female > Community, Marshall Berg 로 NVivo R1에게 물어 볼 수 있을 것이다.

선행 연구와의 연계

Matrix Coding Query는 연구자가 가장 많이 채택하는 코딩 방식으로 자료 삼각망을 요구하지 않는 현상학에서 특히 압도적으로 사용되는 방법이다. 예를 들면 Park et al. (2020)은 한국의 저 출산율이 가장 심각한 사회 문제 중의 하나임을 지적하고, 정부의 적극적 지원에도 불구하고, 보육에 대한 부담은 지속적으로 증가하고 있는데, 특히 워킹 맘의 경우, 믿고 신뢰할 만한 공공 보육 기관의 부재로 사설 보육 체제에 의존하는 실정이다. 워킹 맘과 보육 문제를 깊이 있게 다루는 연구는 아사 상태이고, 선행연구와 현실의 괴리감을 낮추기 위하여 본 연구는 한국에서 보육 전문으로 일하는 이모와 워킹 맘의 경험을 탐구하였다. 여섯 명의 이모를 대상으로 심층면담을 실시하였다. 본 연구를 통해 아동을 보육하기 위하여 이모를 고용한 워킹 맘의 진정성 있는 목소리를 들을 수 있는데, 이를 통해 아동 보육 정책과 요구의 갭이 무엇이며, 이러한 불일치를 완화시킬 수 있는 방안에 대해 모색한다.

연구자들은 분석 과정에서 Data와 Codes를 교차하여 연구 질문에 대한 답을 찾는다. 다시 말하면, NVivo R1에서 연구 참여자 목소리 by coding 값으로 검색을 하였고 다음과 같은 결과를 보고한다.

Table 2. Why do mothers depend on the private sector for childcare in South Korea

Theme	Total	Frequency (%)
I. Reasons as to why parents must depend on the private service		
1. Taking my life out of paying money	6	100
I.1.1 My work	4	67
I.1.2 Taking care of myself is important	3	50
I.1.3 Enjoying leisure time	2	33
2. Lack of supporting childcare environment	6	100
I.2.1. Lack of quantity and quality in public childcare programs considering their needs	5	83
I.2.2. Difficult to get help from parents and relatives	5	83
3. Filling in the space for the child caring	4	67
II. Possible variables in selecting an emo		
1. My hunches for selecting a good caretaker	3	50
2. Emo's career	2	33
3. Emo's not doing some wrong doings to my kid	2	33
4. Emo's sanitation	2	33
5. Emo's salary	2	33
6. Emo's willingness	1	17
7. Emo's first impression evaluated by my baby	1	17
8. Emo's cooking ability	1	17
9. Emo's nationality	1	17
10. Emo's age	1	17
III. Factors hindering the process of hiring an emo		
1. Availability	3	50
2. Hard to get the right information about the emo	2	33
3. Risk and anxiety about whether the emo good or not	2	33
4. My personal requests to the emo	1	17
5. Emo's sophistication (business-like mind)	1	17
IV. Factors facilitating the process of hiring an emo		
1. Information sharing with agency, employment sites and friends	3	50
2. Agency's warranty	1	17

V. Factors hindering living together with an emo		
1. Interrupting my private life	4	67
2. Conflicts between the emo and myself	4	67
3. Ambivalence feelings between emo-child relationship	3	50
4. Force to raise salary: emo's begging	3	50
5. Emo's negligence of her duty	3	50
6. Conflicts with my parents	2	33
7. Business-like child rearing	2	33
8. Emo's speaking ill of me behind my back	2	33
9. Emo's propensity for theft	2	33
10. Emo's manipulation using child attachment	2	33
11. Conflicts among emoes	1	17
12. Anxiety toward leaving the emo alone with my child	1	17
VI. Factors facilitating living with an emo		
1. My mom's monitoring and help	4	67
2. Emo's helping with house chores	3	50
3. Trust	3	50
3.1. Establishing trust through the emo's devotion	2	33
3.2. Emo's consistent childcare	2	33
4. Children's information	1	17
5. Willingness	1	17

Matrix Coding Query 검색 중에서 위의 연구처럼 코딩 단위 별로 대등하게 코딩 값을 비교하는 방법에 추가해서 코딩 간 위계질서를 상부와 하부 노드로 나누고 코딩 값을 비교하는 방법에 대해 살펴보자. Park 과 Park (2018)은 학생들이 영작문에서 보여주는 오류를 Local, global, 그리고 mechanic으로 나누고 각 하부 노드 간의 군집 분석을 시행하였다. 일반적으로 의사소통에 직접적으로 영향을 주는 global 오류 간의 군집 분석이 연구의 주된 관심사이었다.

아래의 표는 online과 offline 두 그룹의 오류 유형별 비교 결과를 나타낸다. Online 그룹이 offline 그룹보다 오류 유형에 관계없이 오류가 적다는 것을 알 수 있고 학습자의 학습 환경이 언어 습득에 중요한 영향을 준다고 할 수 있다.

TABLE 6

The Results of Coding Matrix Search (Learning Environment Differences By Error Types)

		Error types			
		Local	Global	Mechanics	Total
Learning environment differences	Online	28	63	19	110
	Offline	65	71	13	149
Total		93	134	32	259

세 가지 작문 오류 유형 중에서 의사소통에 초점을 두고 하부 노드 간 군집 분석 결과는 다음과 같다.

TABLE 7

The Results of Cluster Analysis Among Global Errors

Node A	Node B	Jaccard's coefficient
Sentence types	meaning	0.7
Meaning	Main verb	0.5
Sentence type	Main Verb	0.45
Usage	Main Verb	0.29
Word choice	Meaning	0.27
Usage	Meaning	0.27
Usage	Sentence type	0.27
Word choice	Sentence type	0.26
Word choice	Main verb	0.25
Word choice	Usage	0.24
Usage	Redundancy	0.22
Word choice	Redundancy	0.21
Sentence type	Redundancy	0.21
Redundancy	Main verb	0.21
Redundancy	Meaning	0.19
Word order	Redundancy	0.14
Meaning	Logic	0.14
Sentence type	Logic	0.13
Word order	Word choice	0.12
Word order	Main verb	0.11
Word order	Meaning	0.097
Word order	Usage	0.093
Word order	Sentence type	0.092
Main verb	Logic	0.091
Word choice	Logic	0.0089
Usage	Logic	0.0087
Redundancy	Logic	0
Word order	Logic	0

위의 표를 근거로 Park과 Park(2018)은 아래의 군집 분석표를 제시한다.

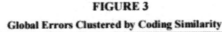

FIGURE 3
Global Errors Clustered by Coding Similarity

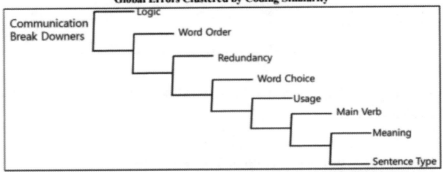

  그림 3에 따르면, 글로벌 오류 관련, 두 개의 군집이 독립적으로 존재한다. 명백하게, 논리적인 오류는 독립적인 클러스터로 독립된 반면, 다른 클러스터는 서로 상호 연관되는 하위 범주를 가지고 있다. 군집 2에서, 어순은 독립적으로 존재하는 반면 다른 것들은 서로 상관되어 있다. 이 다이어그램이 시사하는 바는 특정 학생의 특성에 부합하는 작문 교육 순서가 존재한다는 것이다. 이 연구는 작문 정확성과 유창성 점수를 동시에 통합한 평가 기준과 함께 교육 시작 단계에서 작문 평균 69점을 취득한 중급 수준의 학생들이다. 그들에게 이상적인 작문 교수 순서는 의미와 문장 유형 〉 본동사 〉 관용 용법 〉 단어 선택 〉 중복 〉 어순 〉 그리고 마지막으로 논리의 순으로 진행되어야 한다는 것이다. 그러나 본 연구 결과가 초급이나 상급의 학생들에게도 이상적인 작문 교수 모형으로 적용 될 지의 여부는 추가로 두 그룹에 대한 연구가 진행이 되고 검증되어야 한다고 연구자는 제언을 한다.

2. Auto Coding

NVivo에는 나안으로 문서를 하나하나 읽어 나가면서 코딩을 하는 것이 기본이긴 하나 자동으로 코딩을 하는 방법도 있다.

첫 번째로 문서 검색을 통하여 나온 결과를 코딩하는 방법으로 말하기 과제를 샘플 자료를 활용해서 작업을 수행해 보도록 하자.

코딩을 할 때 마다 느끼는 점이 무엇인가 중요한 것을 코딩하지 않은 느낌을 받을 때 원하는 말이 누구의 문서에서 몇 번 등장하는지를 알아보고 자동으로 코딩을 하는 방법이 있다.

말하기 과제에서,

Go to Explore 〉 Text search 〉 재미 입력 〉 Run Query 클릭

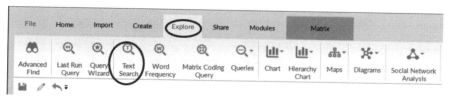

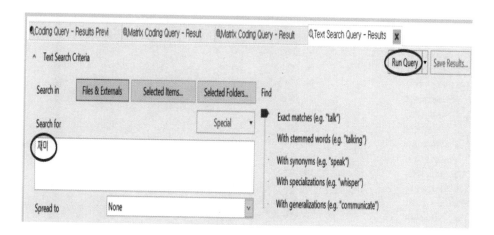

아래와 같은 결과가 나온다.

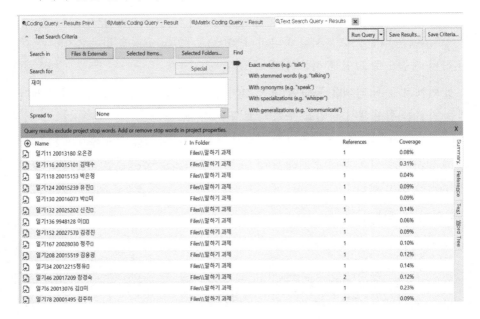

Reference 클릭

Reference 오른쪽 마우스 클릭 〉 하단에 store query results를 클릭하면 아래의 결과를 볼 수 있다.

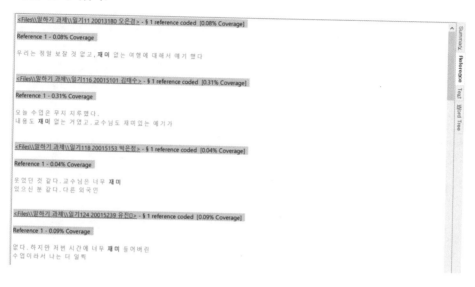

마우스 오른쪽 클릭 〉 Store Query Results를 클릭

Store Query Results 〉 Select 선택

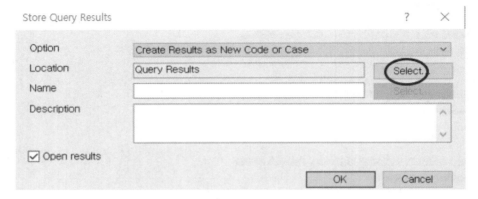

Select Location 〉 OK 클릭

Select Query Results 〉재미 입력 〉OK 클릭

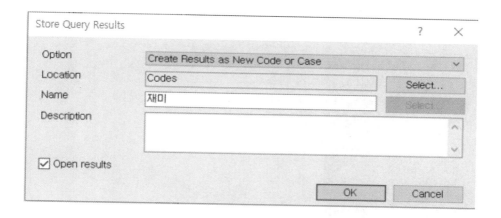

Option: Create results as New Code or Case

Select location: Nodes 〉OK

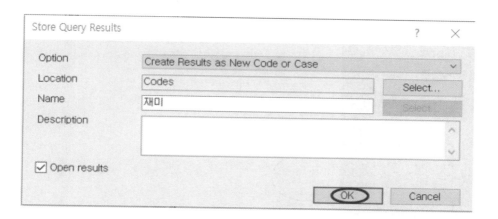

Codes에 재미(2)가 코딩이 되어 있는 것을 아래와 같이 확인해 볼 수 있다.

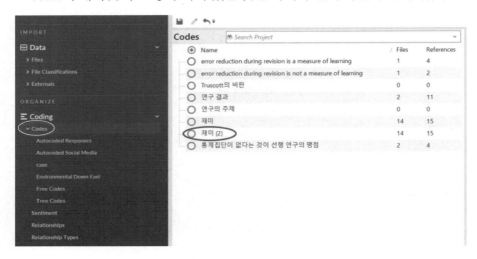

NVivo에서 자동 코딩을 하는 또 다른 방법으로 sentiment (감정)이나 유형을 찾아나가면서 자동 코딩을 하는 방법이 있는데 샘플 프로젝트를 활용하여 (Environmental Down East) 작업을 시연해 보겠다.

Files > Interviews > Susan 부터 Mary and James 까지를 선택한다.

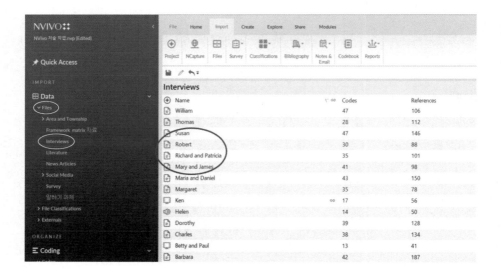

오른쪽 마우스 클릭 〉 Auto Code를 선택

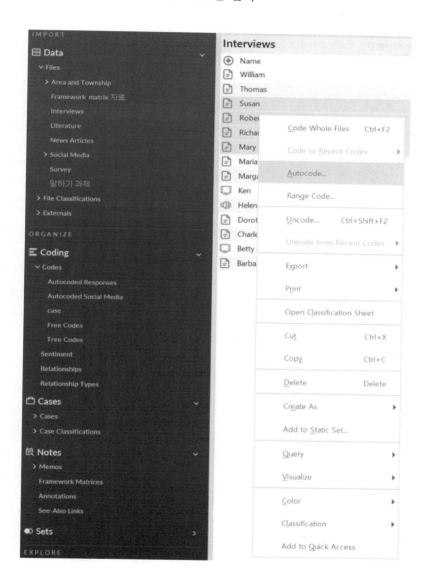

Identify themes 〉 Next를 클릭

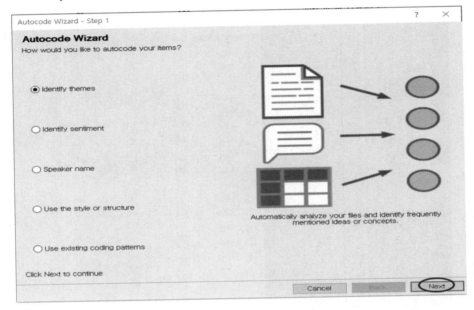

아래의 결과를 보고 Next를 클릭한다. Code sentences 〉 Next를 클릭 한다.

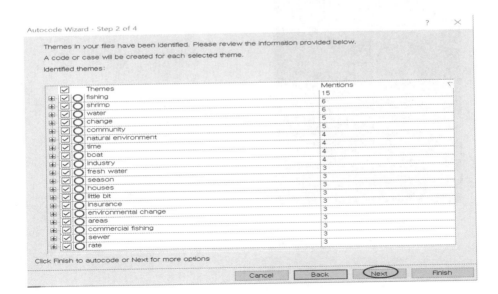

Code sentences 선택 > Next 클릭

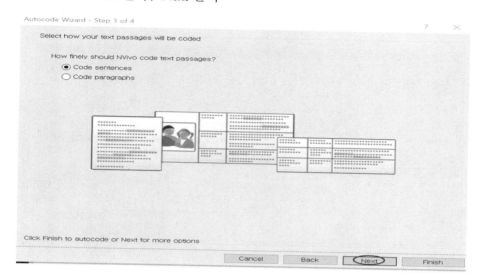

Auto coded social media > Auto coded Themes > Finish를 클릭

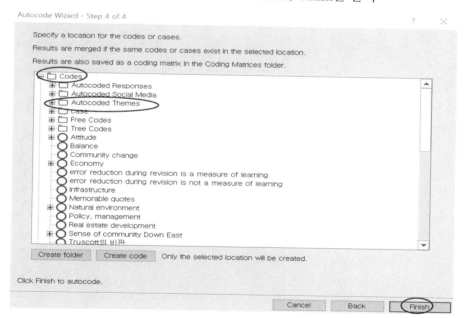

코딩 수로 비교도 하고

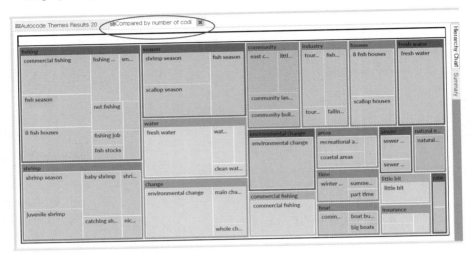

Autocode Themes 결과도 볼 수 있다.

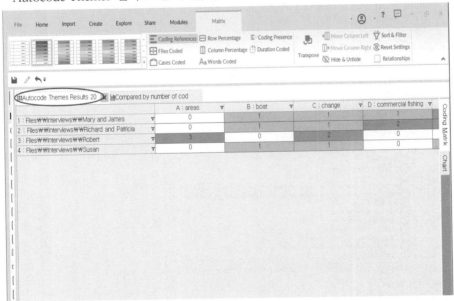

Robert 과 areas 교차 지점에 있는 숫자 3을 두 번 클릭

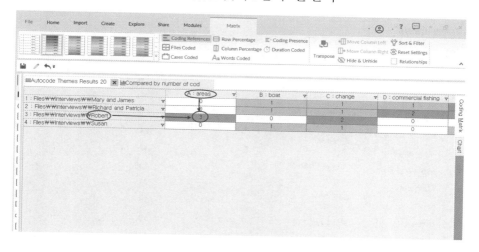

해당하는 3개의 레퍼런스를 아래와 같이 볼 수 있다.

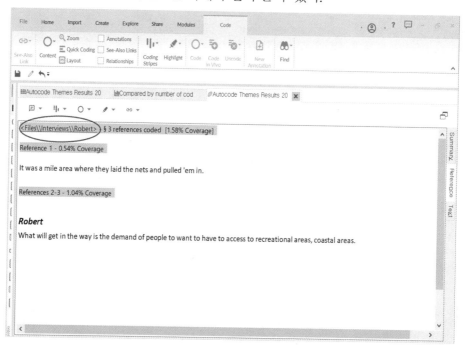

다시 interview 자료로 돌아가서 자료 선택 〉 Autocode 클릭

Interviews   🔍 *Search Project*   ⌄

	Name	⊤ Codes	References
📄	William	47	106
📄	Thomas		112
📄	Susan		215
📄	Robert		139
📄	Richard and P		149
📄	Mary and Jam		170
📄	Maria and Dai		150
📄	Margaret		78
🖥	Ken		56
🔊	Helen		50
📄	Dorothy		128
📄	Charles		134
🖥	Betty and Pau		41
📄	Barbara		187

Code Whole Files	Ctrl+F2	
Code to Recent Codes	▶	
Autocode...		
Range Code...		
Uncode...	Ctrl+Shift+F2	
Uncode from Recent Codes	▶	
Export	▶	
Print	▶	
Open Classification Sheet		
Cut	Ctrl+X	
Copy	Ctrl+C	
Delete	Delete	
Create As	▶	
Add to Static Set...		
Query	▶	
Visualize	▶	
Color	▶	
Classification	▶	
Add to Quick Access		

이번에는 identify sentiment 〉 Next 클릭

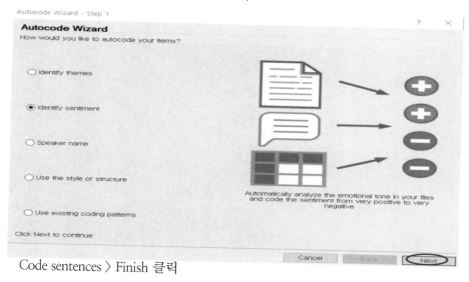

Code sentences 〉 Finish 클릭

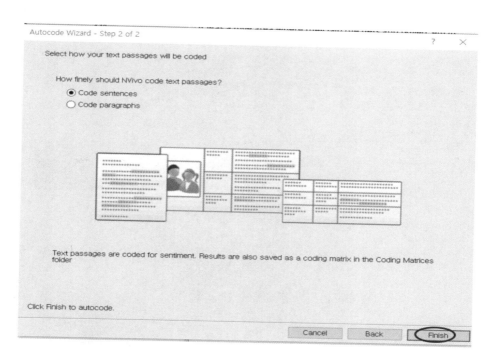

아래와 같이 각 참여자 별 감정의 수를 면적의 크기로 보거나

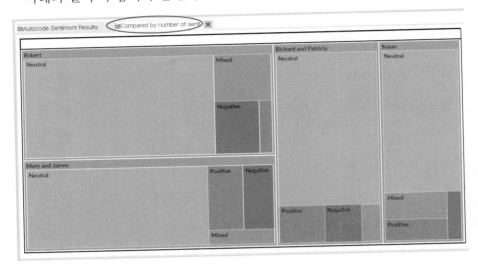

Auto code Sentiment 결과를 볼 수도 있다.

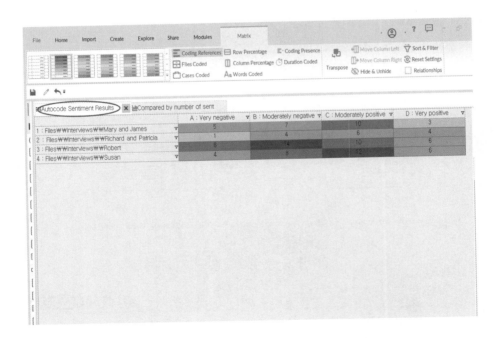

예를 들어, Very negative에서 Mary와 James가 다섯 번 감정을 드러내고 있는데 숫자 5를 두 번 클릭한다.

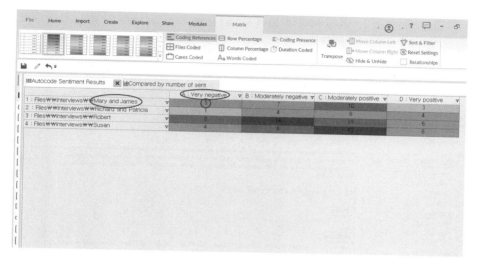

아래와 같이 Mary와 James 가 언급한 다섯 개의 감정을 볼 수가 있다.

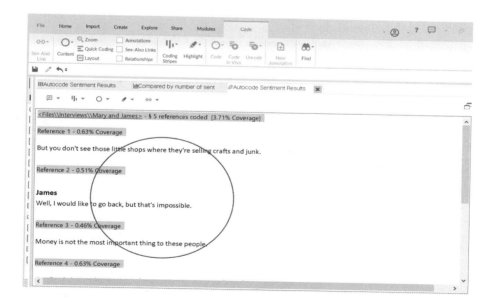

Focus group interview의 경우 한 문서에 여러 사람의 이름이 나오는데 사람별로 자료를 묶어 코딩을 하는 기능에 대해 살펴보자.

William 문서를 두 번 클릭하면 문서 내에 Henry와 William의 자료가 있는 것을 알 수 있다.

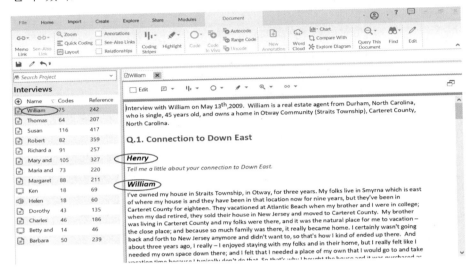

William 선택 > Auto Code 클릭

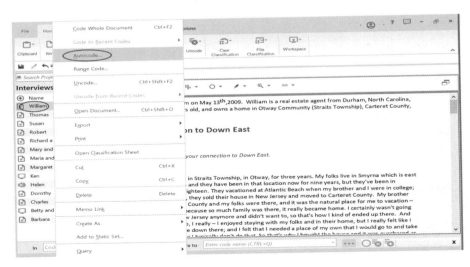

Speaker name 선택 〉 Next를 클릭

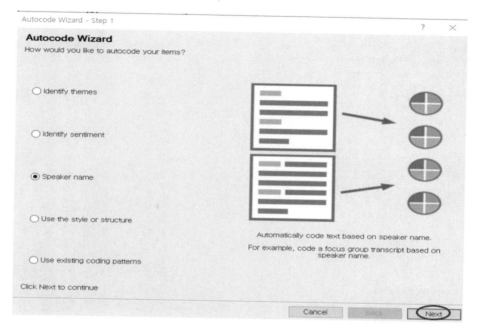

Enter all speakers에 Henry와 William을 입력 〉 Next를 클릭

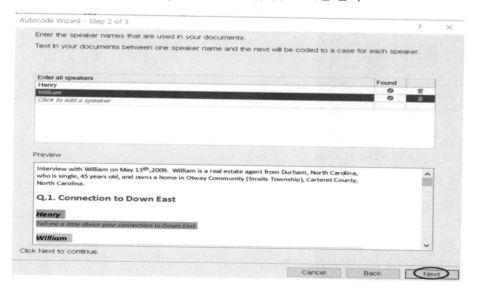

Add to existing classification Finish 클릭

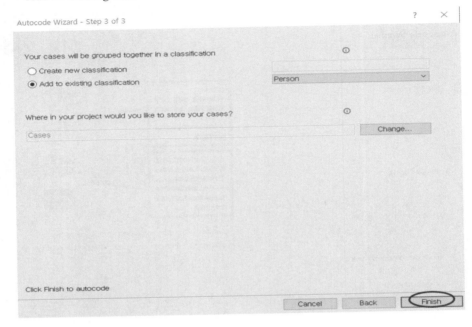

Cases 〉 Cases에 가보면 Henry와 William의 문서가 분리가 된 것을 알 수 있다.

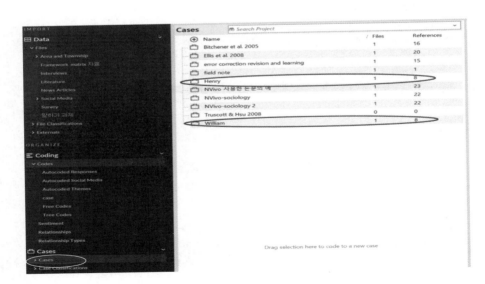

인터뷰 자료로 다시 돌아가서 William 부터 Maria 까지 선택 〉 Auto code 클릭

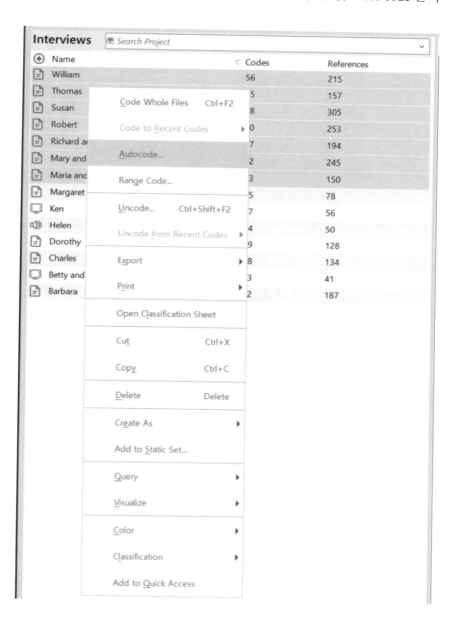

Using the style or structure 사용 > 클릭 Next

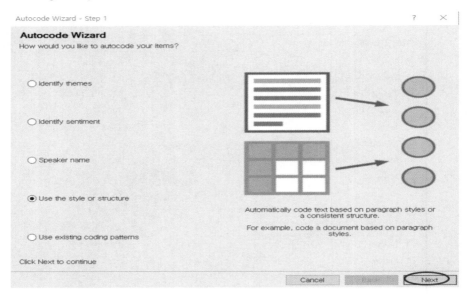

Paragraph styles > Next를 클릭

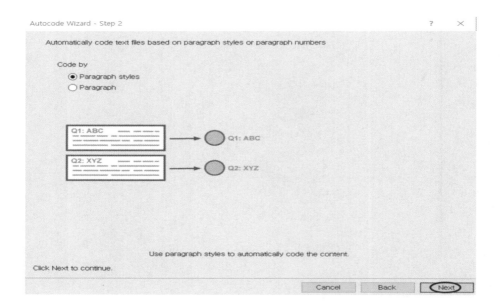

Selected paragraph style에 Heading 1과 2를 넣어주고 〉 Next 클릭

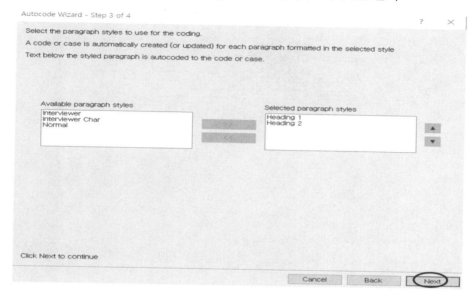

아래와 같이 입력 〉 Finish를 클릭 한다.

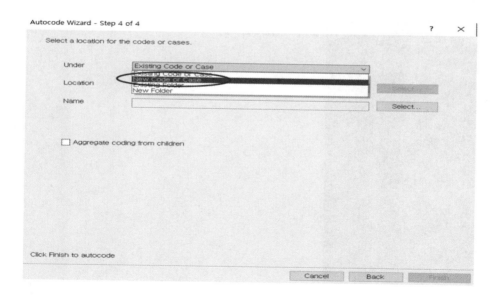

New Code or Cases 〉 Codes 〉 질문 by 응답자 입력 〉 Finish 클릭

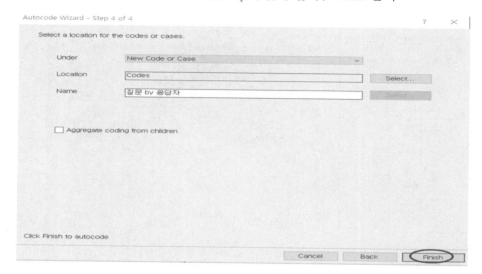

Codes 〉 Auto coded Responses 〉 Automated Interview Questions 두 번 클릭.

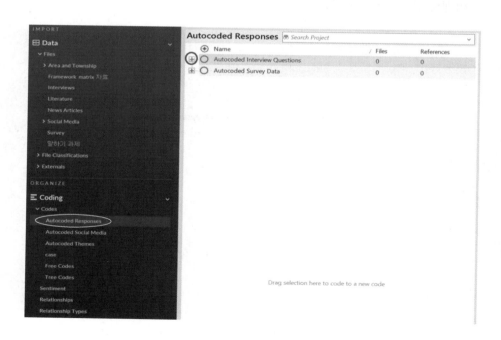

아래와 같이 질문 별로 응답자가 분류된 결과를 볼 수 있다.

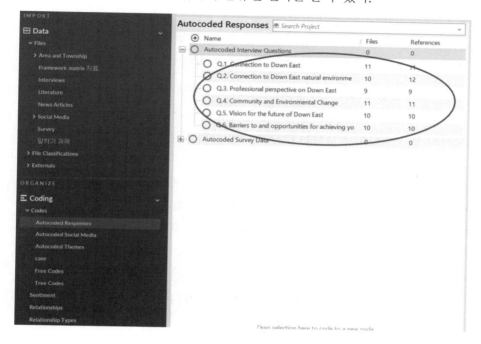

각 질문 별로 클릭을 하면 응답자들의 응답을 각각 볼 수가 있다.

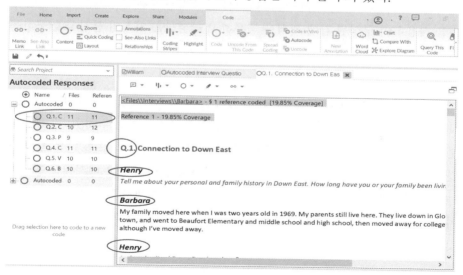

Auto coding은 NVivo Version과 관계없이 꾸준히 연구자들의 사랑을 많이 받아왔고 NVivo R1에서도 끊임없이 사랑을 받을 유망주로 기대된다. 연구자의 사랑을 받는 가장 큰 이유로 스타일과 문서를 사용하여 같은 유형의 텍스트를 신속하게 함께 묶어 구조화하는 능력 때문이라고 하겠다.

연구자 질문을 한 곳으로 모으고 한 장소에 놓아두기도 하고 인터뷰 전사 본 이나 설문지 파일에 있는 개인의 발화를 화자 별로 구분을 하여 자동 코딩을 함으로써 특히 요즈음 많이 진행하는 (2020년 4월 21일 기준) 포커스 그룹 인터뷰 전사 본 작업에 효율적으로 사용 할 수 있는데 문제가 있다면, 파일 포맷을 auto code에 맞게 스타일을 변환해 주어야 하는데 NVivo R1 초보 연구자들은 이점에 대부분 익숙하지 않아서 특히 이 점을 강조하고 싶고 일반적으로 NVivo R1을 연구 도구로 연구를 수행하는 초보 연구자들은 연구가 한참 진행이 되고 나서야 auto code 기능을 활용하는 것이 얼마나 자신들의 프로젝트 수행에 있어 시간과 경비를 절약해 주는 지를 절실하게 느낀다. 따라서 기능과 관련 반복되는 부분은 하나의 기능이 고유한 연구 맥락에서 어떻게 다양하게 활용되는지를 시연하기 위함이다.

Auto coding 관련한 선행 연구의 예로 Maarten et al. (2007)은 내용분석, 비평 이벤트 회상 (CER) 그리고 사회 네트웍 분석을 사용하여 데이터를 바탕으로 한 연구 결과를 보고한다. 네트웍 학습 사회 내에서 상호 작용의 본질을 연구하기 위한 방법을 사용하여 구성원 간에 지식을 공유하고 구성하는 지식의 본질을 연구하는 것을 목적으로 한다. 이러닝 석사 프로그램에 참여하는 학생들을 대상으로 지역사회간 NL/CSC를 조사하였다.

특별한 학습이나 교육을 언급하는 코딩과 함께 텍스트분절을 강조하기 위하여 NVivo 소프트웨어를 사용하여 연구 과정을 부분적으로 자동화 하였다. 코딩 된 분절은 의미 단위가 되었다. 코딩 된 자료로 검색을 하여 요약 표를 만들고, 코더 간 신뢰도 검증은 최초 코딩 된 메시지를 점검하여 두 명이 같은 메시지를 언급하는지를 점검하였다. 두 명의 코더가 코딩한 내용의 10 퍼센트를 토대로 코더 간 일치도를 측정하였는데, 코헨 카파 86%가 나왔고, 코더 간 동의 수준은 매우 높은 것으로 나타났다.

Interviews를 보면 아래와 같이 Richard and Patricia부터 Maria and Daniel까지 자동 코딩을 하고자 하는 참여자 목록을 볼 수 있다.

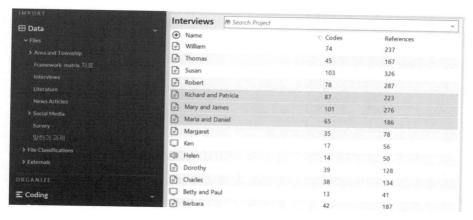

자동 코딩을 하려고 하는 자료는 커플을 대상으로 인터뷰를 한 것으로 개인 인터뷰가 아니기 때문에 자동 코딩을 하여야 한다.

지금부터 자동 코딩을 해서 개인별로 자료를 분리하고자 하고 Person의 Case로 저장을 하려고 한다.

이렇게 하면 성별과 같은 인구 통계학적 자료를 할당 할 수 있다.

인터뷰 녹취록에는 남자와 여자가 동시에 이야기를 하기 때문에 문서 내에서 화자 별로 성별을 나눌 수 없기 때문에 자동 코딩이 더욱 필요 하다.

따라서 단일성별을 할당 할 수 없고 적절한 속성 값을 지정해 주어야 한다.

Maria와 Daniel을 선택하고 > Autocode

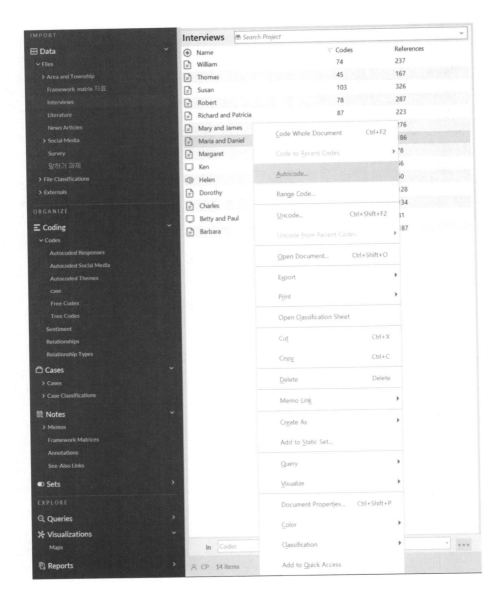

Speaker Name 〉 Next 클릭

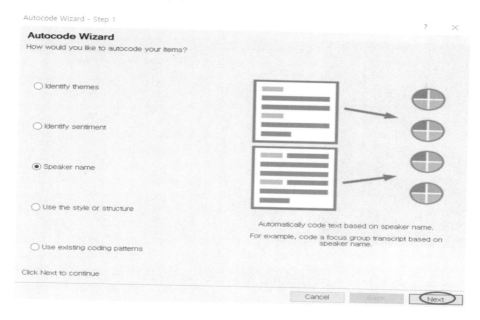

Files 〉 Overview of Sample Project

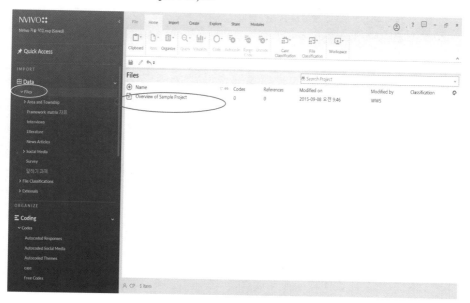

인터뷰 자료로 가서 기존의 자료나 새 자료를 열어 자동 코딩 자질을 사용해 보도록 하자. 예를 들면, 여기 인터뷰 자료를 가지고

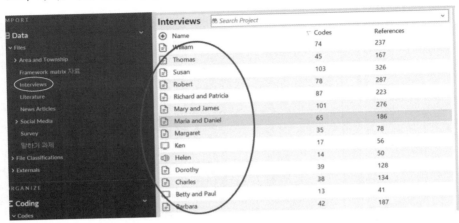

모든 인터뷰 자료를 선택할 필요는 없고 Thomas, Susan, 그리고 Margaret을 선택해보자.

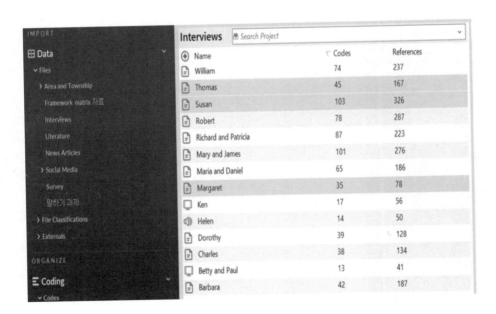

Interviews > Autocode

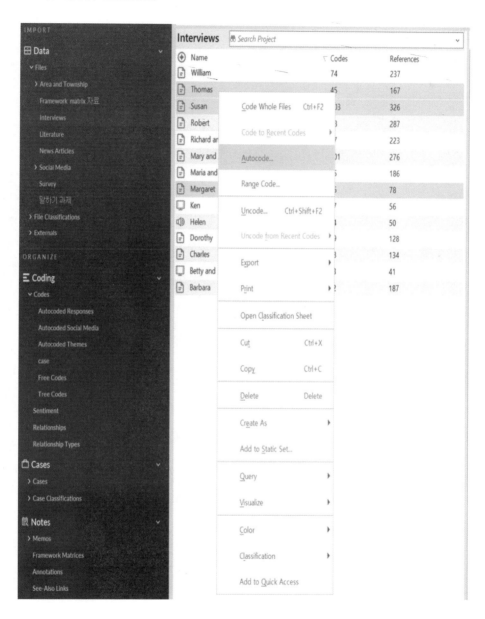

Autocode Wizard 〉 Identify themes 선택 〉 Next 클릭

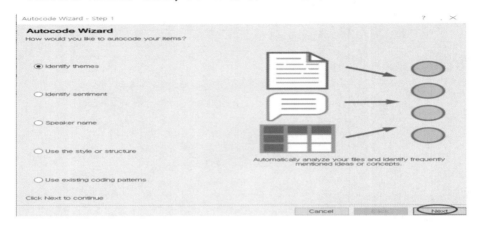

특정한 인터뷰에 등장하는 주제 식별이 가능하고 NVivo R1은 알고리즘을 사용하여 인터뷰 내와 인터뷰 간 검색을 시행한다.

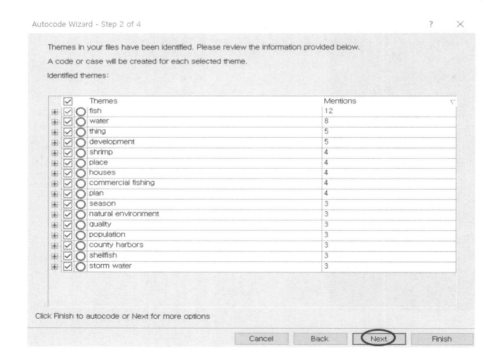

설문 조사의 경우 한 가지만 언급하는 경우가 많으나 개방형 질문의 경우 NVivo R1으로 불러와 개방형 질문을 분리하고 각각의 질문 간 자동 코딩 알고리즘을 실행 할 수가 있다. 연구자가 묻는 질문에 맞지 않는 답변을 찾는 경우가 종종 있는데, 결과에 영향을 주는 질문을 교차로 하였기 때문이다. 따라서 설문조사에서 극도의 만족감을 도출하려면 인터뷰 질문을 NVivo R1으로 불러와서 인터뷰의 경우에 질문을 실행해야 하는데 연구자가 아무리 구조를 잘 잡아 놓았다고 믿더라도 연구 참여자가 논의 하는 주제가 서로 뒤엉켜 있기 때문이다. 연구자가 주제를 보고 연구자 연구 목적에 필요하지 않은 주제를 찾고 Codes 를 만들지 않을 수 있다. 하부 Case나 child Cases가 될 만한 것들은 남겨두고 중복이 되는 것은 후에 합치기를 할 수 있다. code sentences or paragraphs를 연구자가 선택 할 수 있는데, 연구 초기 단계에 지엽적인 자료를 개관하고 어떤 것이 적절하고 어떤 코딩을 제거 할 지에 대한 의사 결정을 해야 할 시기가 있기 때문에 특히 연구자에게 선택의 여지를 남겨 둘 필요가 있다. Code sentences > Next를 클릭

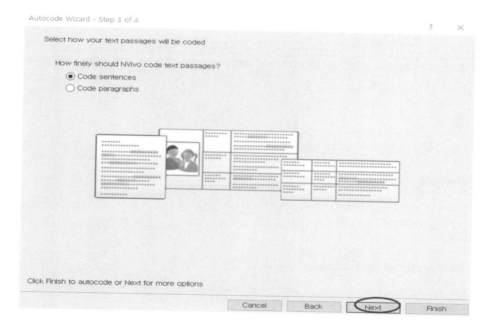

Codes 〉 Autocoded Themes 〉 Finish 클릭

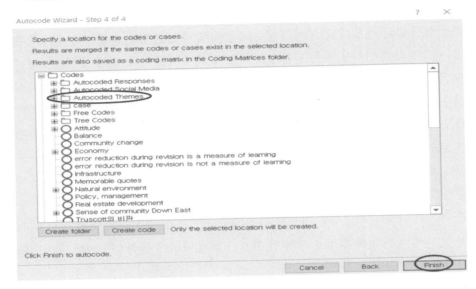

아래와 같이 코딩 수를 면적으로 표현하기도 하고

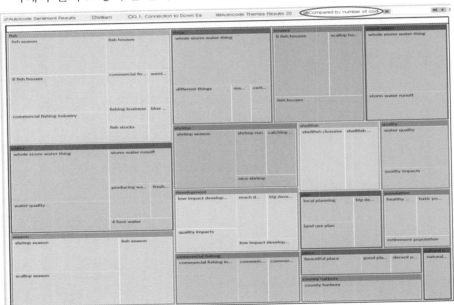

아래와 같이 숫자로 표현하기도 한다.

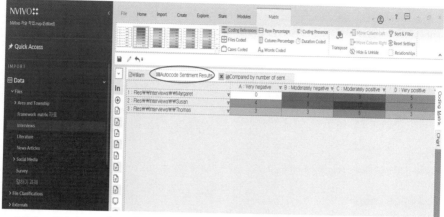

　NVivo R1으로 자료에 대한 개관을 할 수 있다.

　Codes 아래에 있는 하부 Case나 child Case를 보기 위해 생성된 토픽을 계층구조 다이어그램으로 볼 수 있고, 참여자가 많이 언급하는 토픽을 파악하고 커서를 가지고 가면 코딩 레퍼런스를 보기도 하고 직접 또는 축적 등으로 자료를 분류하는 기능은 매우 매력적이다.

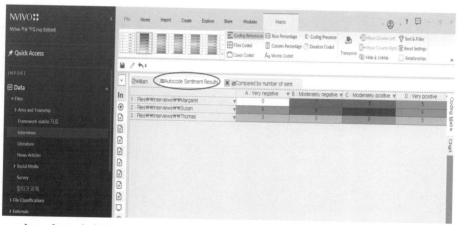

　서로 다른 인터뷰 자료 간에 대표 주제는 무엇인지를 파악 할 수 있고 셀에서 오른쪽 마우스를 클릭 하여 내용을 파악해 볼 수도 있다.

마우스 오른쪽 클릭 〉 열기를 하면 아래와 같은 결과를 볼 수 있고,

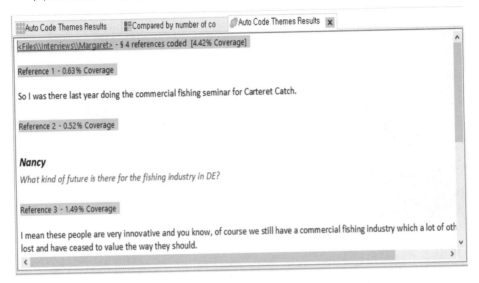

숫자 뒤에 있는 자료를 봄으로써 자료와 좀 더 가까이 있을 수 있다(data near).

Codes 〉 Auto Coded Themes로 가면 특정한 인터뷰에 대해 파일 수와 레퍼런스 수를 볼 수 있다.

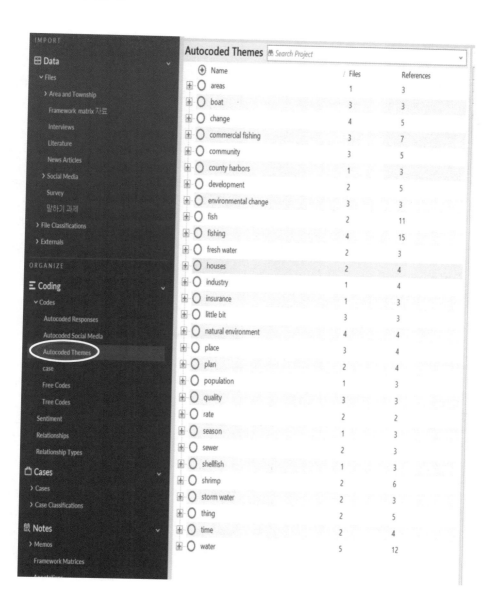

마우스 오른쪽 클릭 > Open a Code > 자료를 반복해서 볼 수 있다.

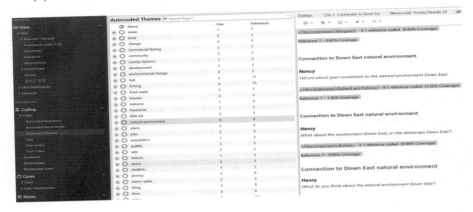

연구자가 원하면 uncode를 할 수 있다.

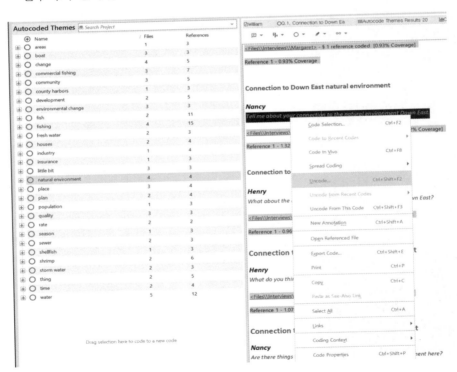

특정한 Code에 어울리지 않는 자료를 찾으면, Uncode를 해서 제거를 할 수 있고 Coded Sentences를 앞에서 지정했기 때문에 원 자료와 항상 연결이 되어 있어 현재 코딩의 상태를 파악하고 제거 또는 추가하고자 하는 코딩이 있을 경우 작업이 매우 용이하다.

연구자로서 특정한 연구의 요구에 잘 부합하는 코딩을 조정해 나갈 수 있다.

서로 다른 수준의 토픽을 합치기도 하는데 예를 들면, fish houses와 fishing business를 살펴보고 합치기를 하려면

Fish houses 선택 〉 마우스 오른쪽 클릭 〉 Cut

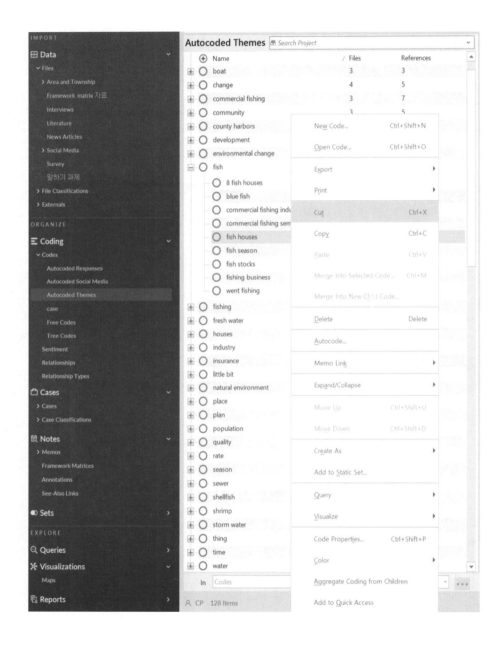

Fishing business 선택 > Merge Into Selected Code 선택

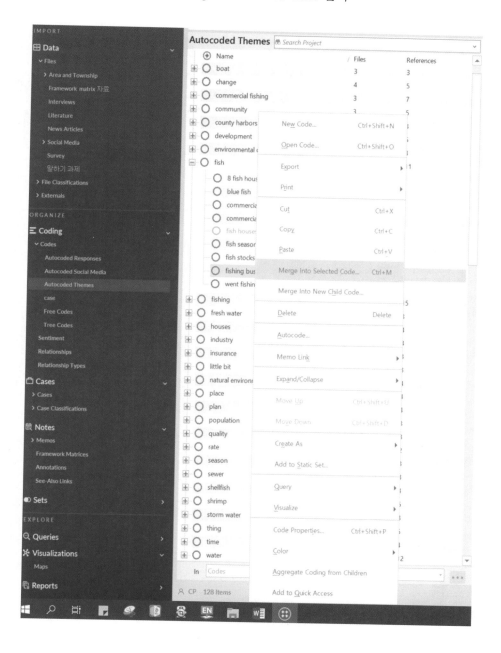

OK를 클릭하면 쉽고 신속하게 두개의 코드를 하나로 합치기를 할 수 있다.

아래와 같이 fishing business에 레퍼런스의 수가 2로 바뀐 것을 알 수 있다.

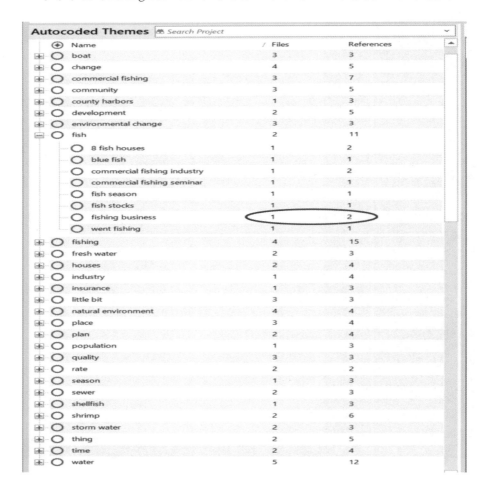

감정 분석

연구자가 참여자가 제시한 토픽 중에 긍정적이거나 부정적 감정에 대한 참여자의 느낌을 얻고자 할 때가 있다. Attitude 〉 Mixed, negative, neutral, 그리고 Positive를 선택 〉 Autocode 클릭

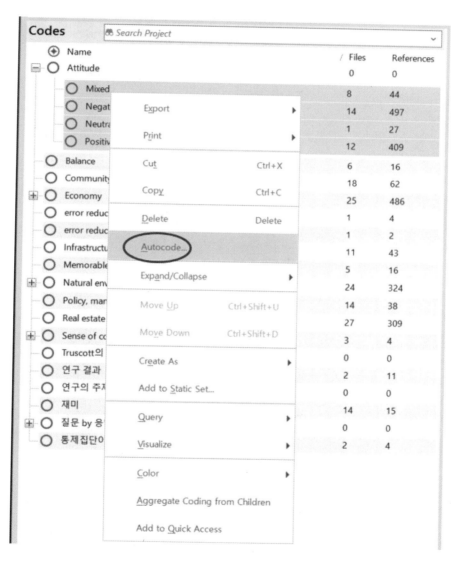

Autocode Wizard > Identify sentiment > Next 클릭

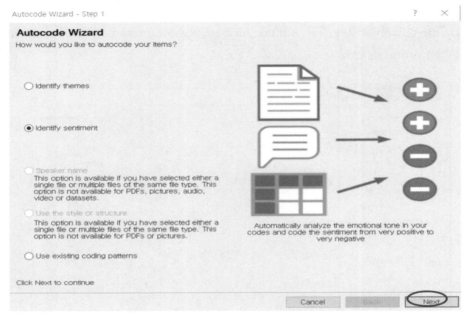

Code Sentences > Finish 클릭

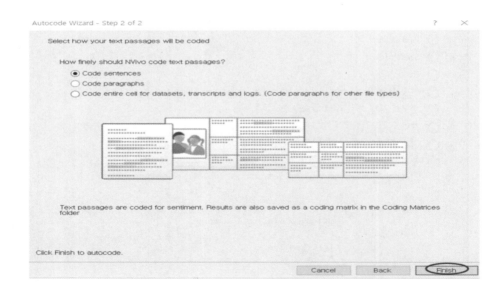

아래와 같이 감정의 수로 계층구조 다이어그램을 볼 수 있고

단어를 토대로 Autocode Sentiment Results 결과를 수치로 파악 할 수도 있다.

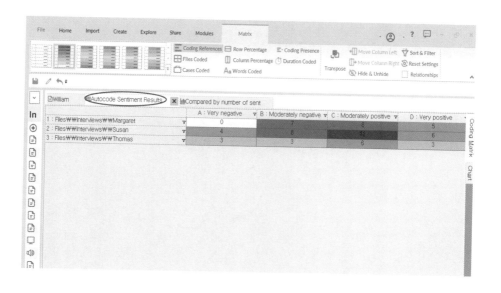

전술한 개방형 설문 자료를 불러와서 연구 초기에 감정 분석을 즉각 시행할 수 있다.

기본적으로 알고리즘이 부정적 그리고 긍정적 가치를 제공하고 단어를 근거로 핵심 단어의 앞과 뒤 다섯 단어를 맥락으로 제공한다.

여러 가지 질문에 따른 맥락이 아니라 중심이 되는 단어에 초점을 둔다.

연구자는 여기서 연구자가 보고자 하는 다양한 토픽 간에 코멘트의 유형이 무엇인지 감을 잡기 위하여 감정 분석을 하였다.

아래와 같은 숫자가 있는 표로 감정을 볼 수 있고

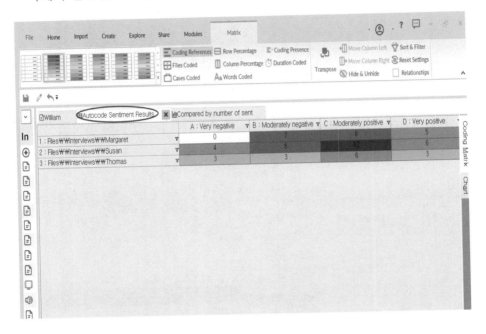

연구자가 감정과 관련된 정교한 분석의 과정에서 토픽 관련 긍정적 그리고 부정적 코멘트를 살펴 볼 수 있다.

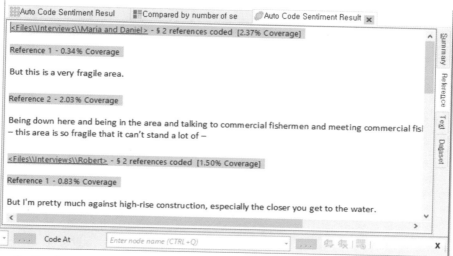

Coding > Sentiment > Positive, Negative의 감정을 파악

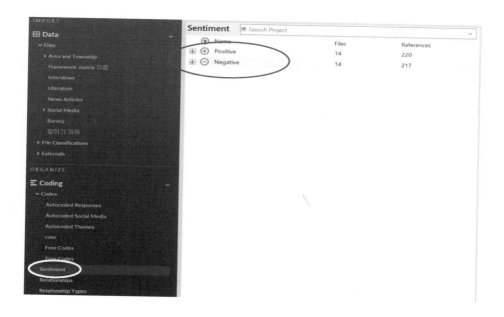

Sentiment 〉 Very Positive 〉 우측에 상세한 자료를 살펴 볼 수 있다.

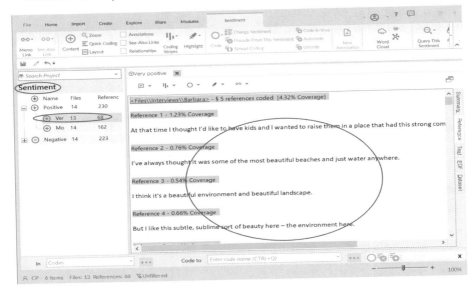

문헌 조사 관련 또 다른 기법으로 먼저 코딩 한 것을 바탕으로 코딩을 추가해 나가는 기법에 대해 살펴보자.

Data 〉 Interview

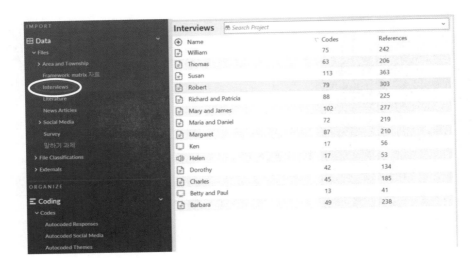

Files > Area and Township > William, Thomas, Susan, 그리고 Robert을 선택

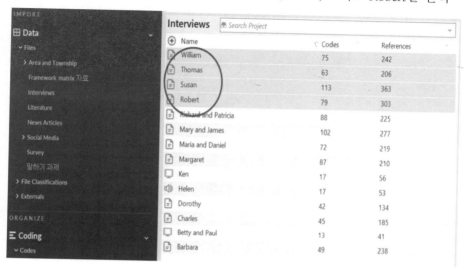

Interviews > Autocode 클릭

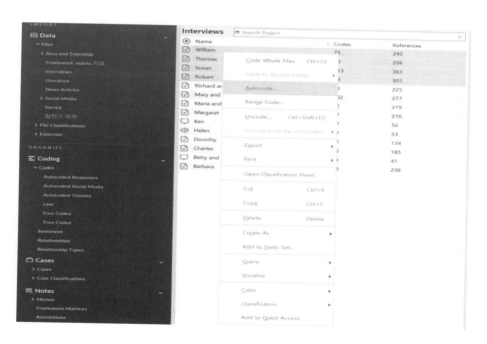

Autocode Wizard 〉Use existing coding patterns 〉Next 클릭

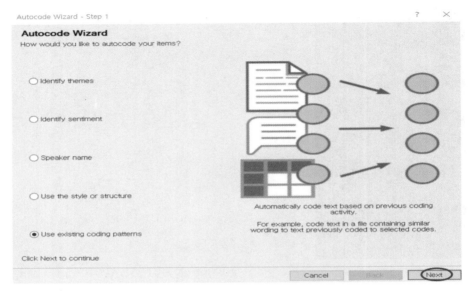

Select 〉Next

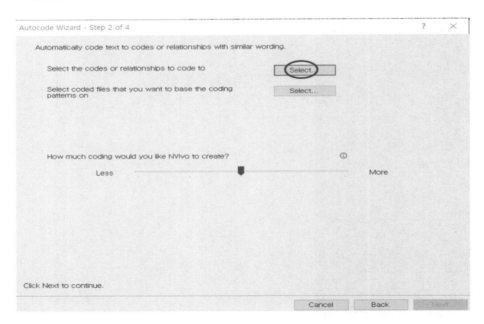

NVivo R1은 연구자가 살려두고 싶은 코딩 전부를 살려두고 특별히 살펴보고 싶은 특정한 코딩이 연구 토픽에 적절한지에 대해 코드를 정교하게 살펴보고 연구자의 코딩에 관한 결정을 도와준다. Codes 〉 Agriculture, Fishing or agriculture, Jobs and cost of living, Tourism, Real estate development 선택 〉 OK 클릭

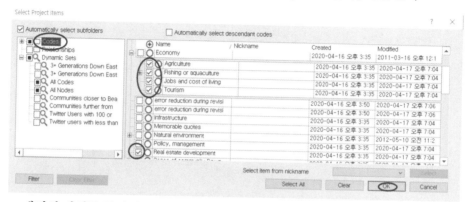

패턴의 범위를 좁히거나 늘리는 부분에 대하여 아래 두 번째 항목에서 Select 클릭

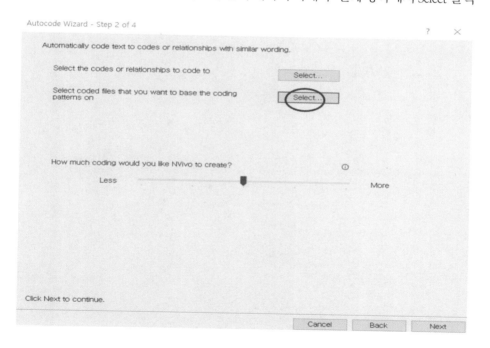

Files > Overview of Sample Project > OK 클릭

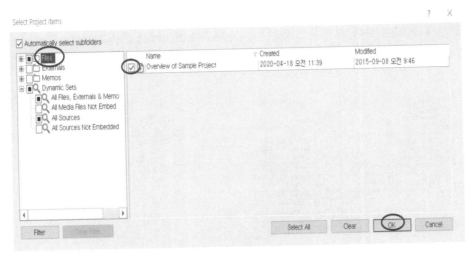

Next 클릭

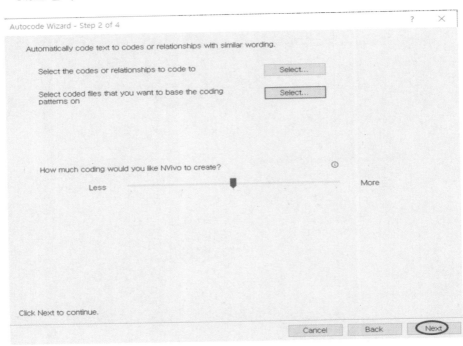

코딩을 더해야 할 것인지의 여부에 대해 결정을 하도록 도와준다. 불필요한 코딩은 제거하기도 하고, 경우에 따라서는 제거하는 코딩의 수도 엄격하게 제한 할 필요도 있을 것이다. 준거 기준은 물론 자료가 증거 자료로 가치가 있는지의 여부가 중요하겠으나 연구 질문의 중요성 또한 무시 할 수가 없다. 검색을 실행해 보면 중간 부분에서 자료에서 어떤 일이 있는지에 대한 감을 잡을 수 있다. 연구자가 만든 Code를 먼저 점검하고, 파악한 이슈가 있는지의 여부를 점검한다. 이슈가 발견된 것이 없을 보고하는 Codes 가 많은데, 계속 진행을 하여도 문제가 없음을 NVivo R1이 결론지었고, 연구자가 생각하기에 일관성이 없는 어휘가 있고, 이런 경우 이러한 불규칙성을 제공하는 원인을 찾기 위하여 Codes로 돌아가서 다시 한 번 자세히 살펴보아야 한다.

Autocode Wizard - Step 3 of 4   ?   ×

Assessment of codes for pattern based auto coding is complete.

Expand to review the list of terms. Clear the check boxes for any terms you want to exclude.

Codes with warnings will be excluded unless you select them in this step of the Wizard.

	Assessment	Count
⊗	No coding	13

	Name	/ In Folder
○	Economy₩Agriculture	Codes
○	Economy₩Fishing or aquaculture	Codes
○	Economy₩Fishing or aquaculture₩Fishing in	Codes
○	Economy₩Fishing or aquaculture₩Fishing in	Codes
○	Economy₩Fishing or aquaculture₩Fishing in	Codes
○	Economy₩Fishing or aquaculture₩Fishing in	Codes
○	Economy₩Fishing or aquaculture₩Fishing in	Codes
○	Economy₩Fishing or aquaculture₩Fishing in	Codes
○	Economy₩Fishing or aquaculture₩Fishing in	Codes
○	Economy₩Jobs and cost of living	Codes
○	Economy₩Tourism	Codes
○	Real estate development	Codes

Click Finish to autocode or Next for more options

Cancel   Back   Next   Finish

No coding > Finish

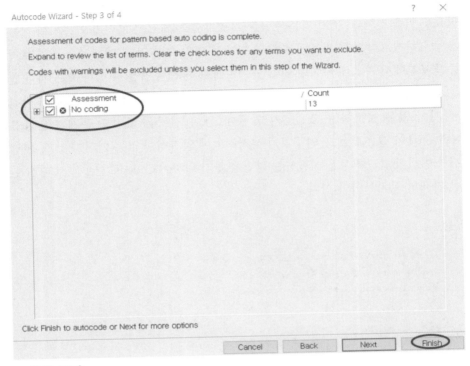

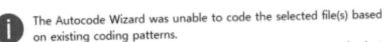
확인 클릭

NVivo R1은 이러한 특정한 Codes를 사용하고 통과 할 수 있다. 연구자가 선택한 각각의 소스와 레퍼런스를 볼 수 있고 특정한 Codes에 적용을 할 수도 있다. 원자료를 근거로 주제를 도출해 나가는 그라운드를 바탕으로 한 작업을 할 수도 있고,

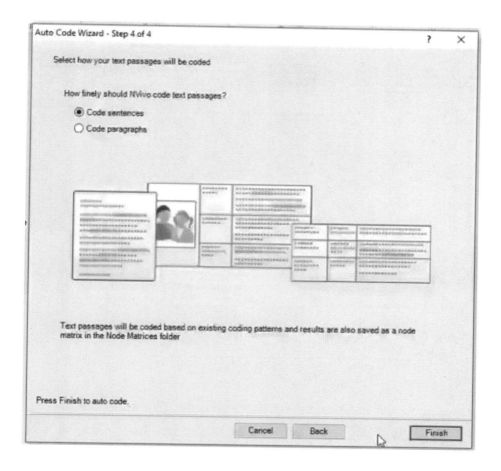

연구자가 코딩 초기 작업을 할 때 NVivo R1이 자동 코딩을 해줌으로써 계속해서 패턴을 사용 할 수 있다.

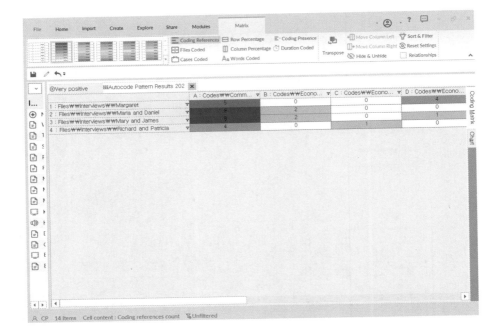

3. Coding Comparison

Coding Comparison은 선행 연구가 탄탄하게 진행이 되었고 따라서 연구자가 별도로 추가할 코딩 값이 없고 선행 연구에서 정한 준거 기준에 따라 현장에서 모은 자료가 선행 연구의 가설을 입증 또는 거부하는 지만 파악하면 되는 가설 검증 코딩 기법을 말한다(Saldana, 2016).

예를 들면, 영어교육의 경우 학생들의 작문 능력을 평가하는 준거 기준은 Language Two에서부터 최근 English Testing Service (ETS)까지 많은 수의 영어교육 학자들의 관심사였고 2020년 4월 현재 기준으로 더 이상의 학생들의 오류 유형을 파악 할 것이 없을 정도로 영작문을 잘하는 학생들과 영작문에 상처 받은 영혼들을 분리 할 수 있는 객관적으로 냉정한 평가 척도는 이미 완성이 되었다고 할 수 있다. 독자의 이해를 돕기 위하여 이미 진행이 된 프로젝트를 불러와 담론을 전개해 보도록 하겠다.

NVivo R1 저술 작업 홈으로 가서 Import > Project 클릭

Import Project > Browse 클릭

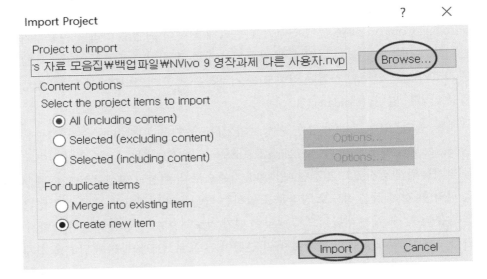

저자 기준으로 바탕화면 > ws 자료 모음집 > 열기 클릭

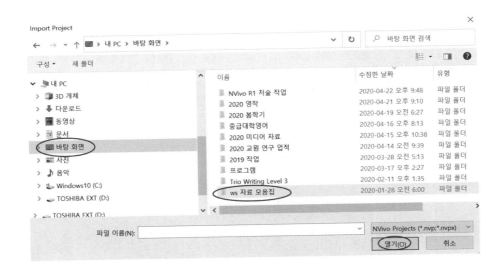

ws 자료 모음집 〉 백업 파일 〉 열기 클릭

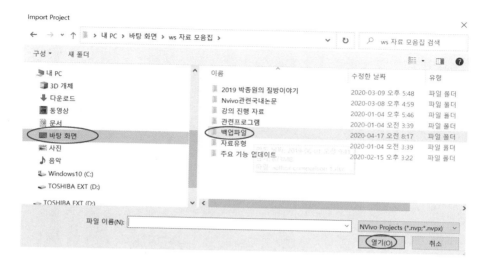

백업 파일 〉 NVivo 9 영작 과제 다른 사용자 〉 열기

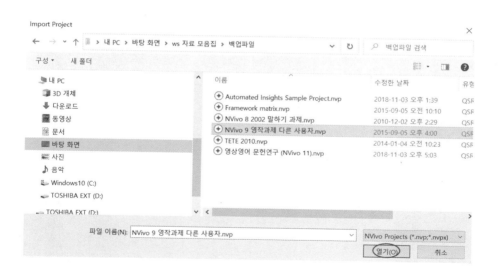

Import을 클릭

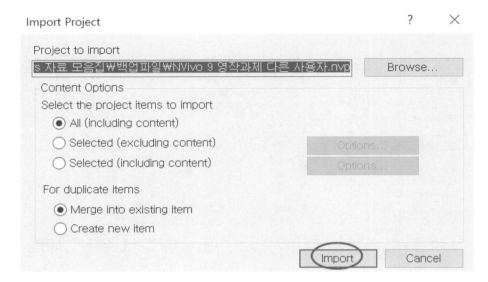

아래와 같이 결과를 볼 수 있다

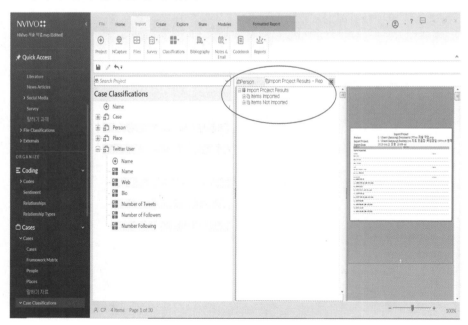

Coding 〉Codes 〉Tree Nodes 〉Organization 옆의 플러스 표시 클릭

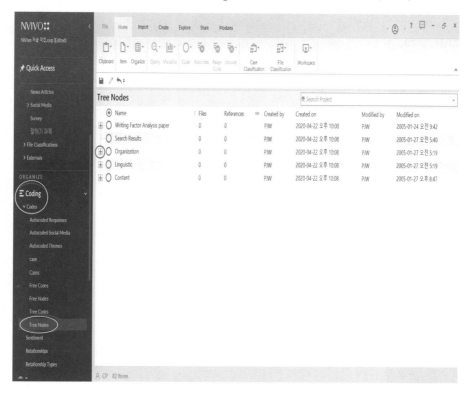

NVivo R1 이전 버전인 NVivo 9에서 작업한 내용을 불러올 경우 위와 같이 Tree Codes와 이름이 다른 Tree Nodes로 자동 분류 된다. Tree Nodes 하부 Nodes 중에 Organization 좌측 플러스 표시를 클릭 한다.

Organization의 하부 노드 spelling capitalization 까지가 Organization을 구성하는 주요 Rubric이다.

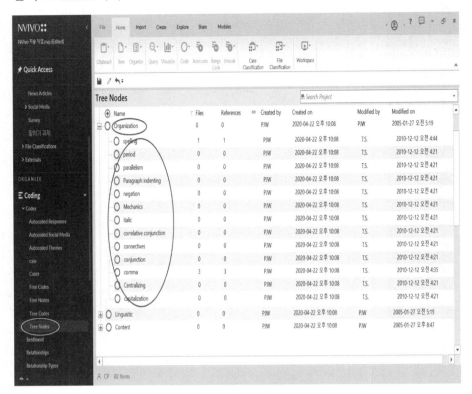

Linguistic이나 Content의 플러스를 클릭하면 하부 노드에 각 영역에 해당하는 Rubric이 있는데, 영작을 평가할 때 세 영역의 평가 Rubric을 활용하여 평가하는 것이 일반적이고 논리적이라고 볼 수 있다.

Coding comparison은 두 명의 코더 간 내적 일치를 보는 것으로 특히 폐쇄형 코딩일 때 사용한다(Saldana, 2016).

우리가 다루는 대부분의 질적 자료는 기본적으로 개방형이며 가능한 모든 변수를 찾는 것을 목적으로 하나 폐쇄형은 선행 연구가 견고하여 변수를 더 찾을 이

유가 없고 코더에게 객관적인 코딩 Rubric이 제공되기 때문에 누가 코딩을 하여도 같은 결과가 나오는 것이 당연하다.

Coding Comparison은 좀 더 개관적으로 학생들의 작문을 평가하는데 있어 개연성을 확보하기에 좋은 도구로 활용 할 수가 있다. Explore 〉 Queries 〉 Coding Comparison 클릭

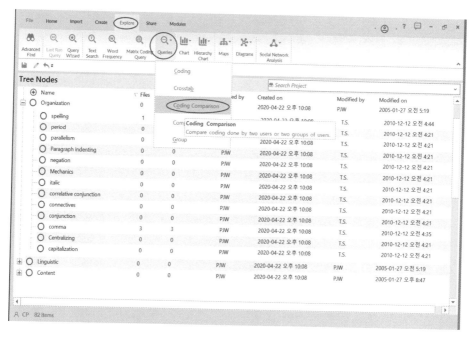

Coding Comparison Query > Select 클릭

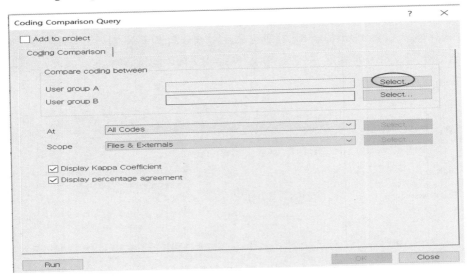

chongwon > OK 클릭

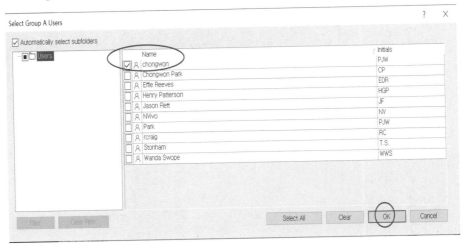

Coding Comparison Query > Select 클릭

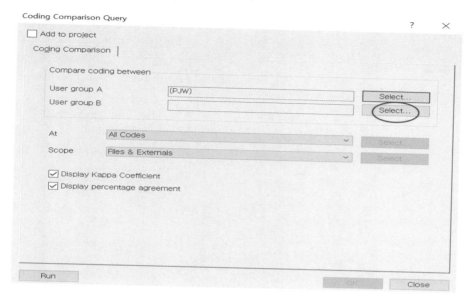

Stonham > OK 클릭

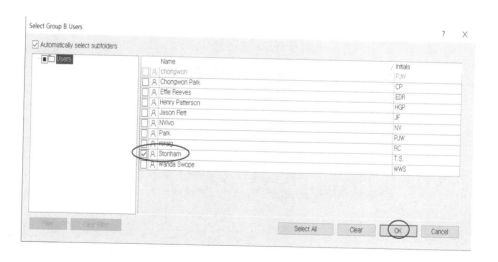

Run 클릭

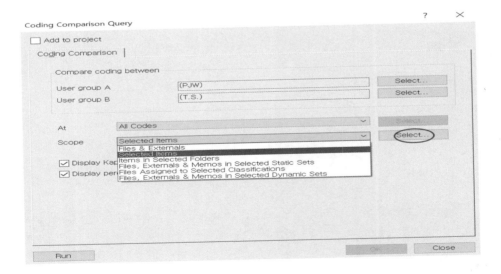

Scope 〉 Selected Items 선택 〉 Select 클릭

Files 〉 최윤신부터 박은영까지 체크 마크 〉 OK 클릭

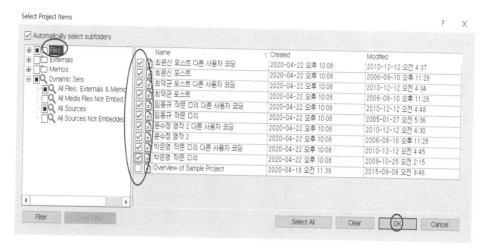

Run 클릭

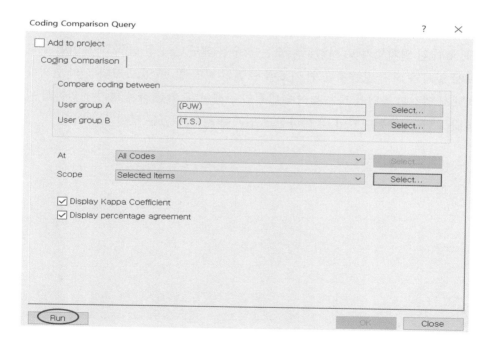

아래와 같이 결과를 볼 수 있는데,

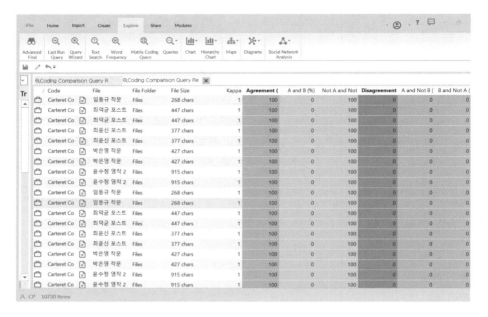

Stoneham과 chongwon의 경우 코더 간 일치도가 매우 높게 나온 것을 알 수 있다. 코더 간 일치도가 50 이하로 나오는 경우는 해당 Code를 클릭 하면 어떤 부분에서 일치가 되지 않는지를 원 자료를 보면서 확인 할 수 있고 코더 간의 협의를 통해서 의견의 통일을 보는 것이 일반적인 관례이다. 학생 작문 평가에 있어서 원어민 보다는 비 원어민이 더 까다롭고 엄격한 경향이 있는 것이 사실이다.

제 4 장

Cross tab: Sample project

NVivo R1에는 혼합형 연구를 지원하는 도구가 많이 있는데 여기서 탐구 할 수 있는 몇 가지 옵션을 살펴보도록 하자.

혼합형 연구 지원 도구 중에 단연 으뜸으로 Cross Tab을 들 수가 있겠다. 인구 통계학적 특성과 같은 자료를 특정한 속성으로 나누어 준다는 점에서는 Matrix Coding Queries와 Cross tab이 유사성이 있다고 말 할 수 있다. 예를 들면, Coding 중에서 특정한 아이디어에 대해서 남녀가 진술하는데 남녀 간의 차이가 코딩에서 어떻게 나타나는지를 조사 할 수 있다. Crosstab Query는 같은 하부 그룹간의 비교 를 매우 용이하게 해 준다는 점에서 Matrix Coding Query와는 다르다고 하겠다. Explore 〉 Queries 〉 Cross tab 클릭

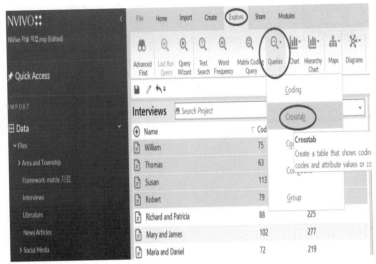

Interviews 〉 Create As 〉 Create As Cases 클릭

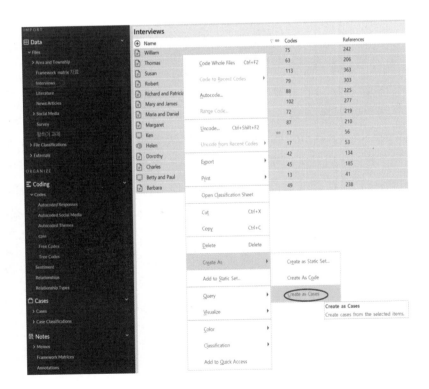

Cases 〉 OK를 클릭

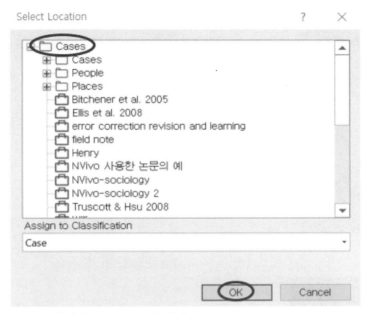

Cases에 연구 참여자들의 Case가 있다.

Explore 〉 Queries 〉 Crosstab

Case Classification 〉 Person에 가면 아래의 자료를 볼 수 있다.

Person > Barbara 옆의 플러스 표시 클릭

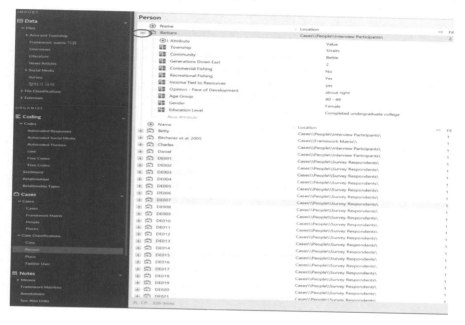

Codes > Attitude > Mixed, Negative, Neutral, Positive 선택

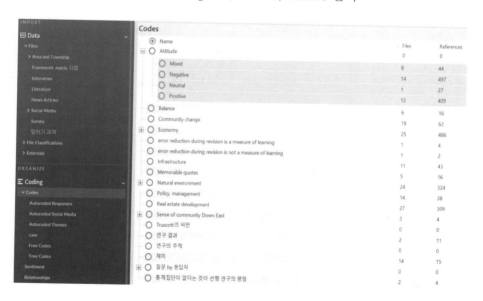

Explore 〉 Queries 〉 Crosstab 클릭

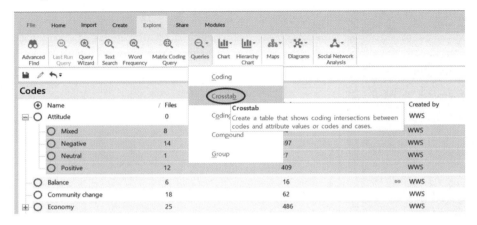

Codes 〉 Attitude 〉 Mixed, Negative, Neutral, Positive를 끌어서 Crosstab Query 〉
Codes에 끌어다 붙인다.

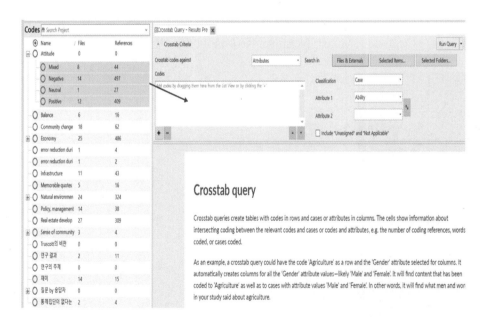

Crosstab query

Crosstab queries create tables with codes in rows and cases or attributes in columns. The cells show information about intersecting coding between the relevant codes and cases or codes and attributes, e.g. the number of coding references, words coded, or cases coded.

As an example, a crosstab query could have the code 'Agriculture' as a row and the 'Gender' attribute selected for columns. It automatically creates columns for all the 'Gender' attribute values—likely 'Male' and 'Female'. It will find content that has been coded to 'Agriculture' as well as to cases with attribute values 'Male' and 'Female'. In other words, it will find what men and women in your study said about agriculture.

Coding Query 〉 Classification 〉 Person 선택

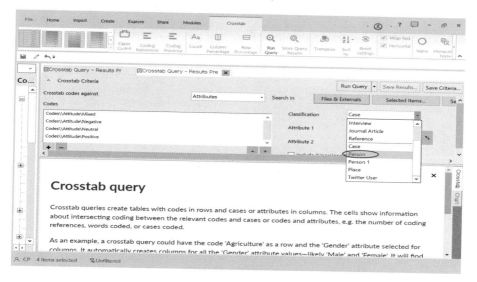

Coding Query 〉 Attribute 1 〉 Township 선택 Matrix Coding Query 가 할 수 없는 것이 두개의 속성을 동시에 검색에 사용할 수 없고 Coding Query 만이 가능하다.

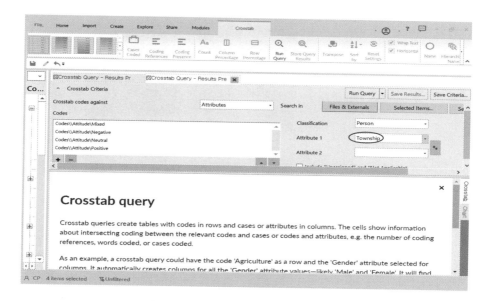

Coding Query 〉 Attribute 2 〉 Age Group 선택

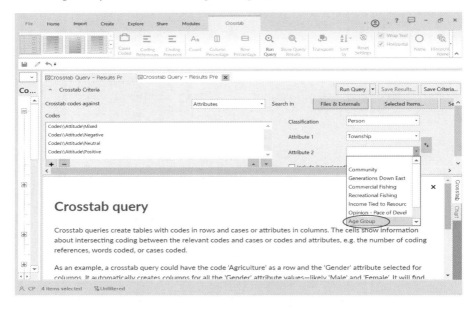

Run Query 클릭

아래와 같은 결과가 도출 되었다.

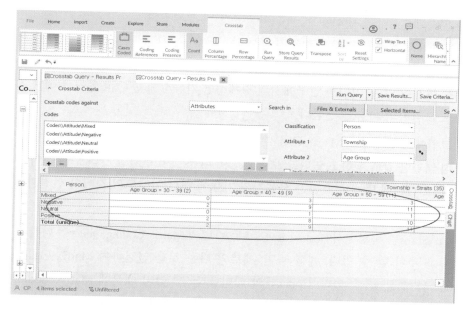

열과 행으로 Township이 있고 Township은 다시 세부적으로 Age Group 으로 나누어져 있는데, 각 하부 그룹에 코딩 된 Case 수로 30-39세 Township은 부정, 중립, 긍정이 각각 2번씩 언급이 되어 있다. 40-49세의 경우는 매우 부정적인 태도를 보이기도(N=9) 하나 긍정적인 목소리도 많다 (N=8). 50-59세의 경우 Positive와 Negative가 팽팽한 대립 각을 세우고 있는 것을 알 수 있다 (11 vs 10).

여기서는 Crosstab이 Codes by attributes 의 검색을 수행하는 예를 살펴보았다.

Cases by Codes 도 검색 수행이 가능하다.

Matrix Coding Query를 수행하면 각각의 그룹에 몇 명의 사람들이 있는지에 대해 알 수 없기 때문에 해석상의 오류를 범할 수도 있다.

따라서 일반적인 경향을 보고자 한다면 Matrix Coding Query는 충분히 그 목적을 달성 할 수 있겠으나 구체적인 숫자를 보고하고 정확성을 추구하는 측면에서 볼 때에는 Crosstab을 선택하는 것이 더 적절하다.

Cross tabs는 여러 개의 속성값을 추가해서 검색이 가능하고 검색을 많이 해야 할 경우에는 특히 Crosstab을 사용하는 것이 더 적절하다.

NVivo R1에서는 몇 분도 걸리지 않는 분석을 Matrix Coding Query로 대규모의 검색을 수행하려는 다른 연구자의 경우 분석에 소요되는 시간이 많이 소요되는 것을 본적이 있다. 이러한 연구에서의 경제성을 가능하게 한 QSR 연구 팀에게 진심으로 감사의 마음을 전한다.

그럼에도 불구하고 Matrix Coding Query는 고유한 검색 기능이 있기 때문에 충분히 역할을 잘 수행하고 있다고 보며 기능이 다른 것이 우월을 가려 주는 것이 아니고 그 기능에 맞게 사용하는 사용자의 기능에 대한 이해도의 깊이가 선결과제라고 할 수 있다.

Crosstabs는 속성에서 Codes case를 보는 반면에 Matrix Coding Query는 다른 항목들을 추가 할 수 있다. 예를 들면, 세트와 다른 것을 연결하여 Matrix Coding Query를 수행 할 수 있다. Codes간의 패턴을 볼 수 있기 때문에 Matrix Coding Query는 여전히 NVivo R1에서 없어서는 안 될 중요한 기능이다. Crosstabs는 혼합형 연구를 수행하는 연구자에게 매우 귀중한 기능이다.

Crosstab Queries 결과를 SPSS에서 보내 통계적 중요도를 검증 할 수 있다. 내보내기 관련해서는 항상 마우스 오른쪽을 클릭하는 것을 잊지 말기 바라고 SPSS로 내보내기를 할 수 있는 매우 매력적인 선택이 우리를 기다리고 있다는 사실 또한 기억해 주기 바란다.

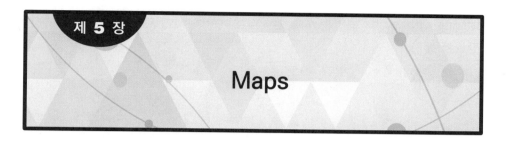

제 5 장

Maps

Visualizations 〉 Maps

Maps 〉 Maps를 클릭하면 Mind, Project, Concept map 이 있다. Concept map을 만들어 보자

사회 문화적 요인 〉 OK를 클릭

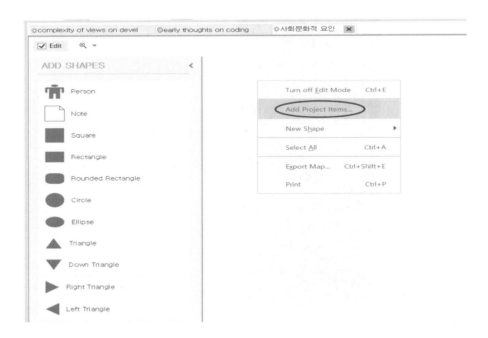

빈칸에서 오른쪽 마우스 클릭 〉 Add project items를 클릭

Tree Codes > Sociocultural > 해당하는 내용을 클릭 > OK 클릭

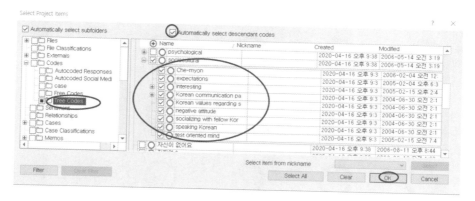

아래와 같이 사회 문화적 요인이 나온다.

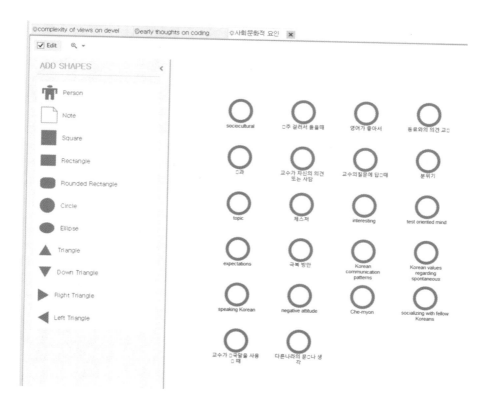

체면 〉 Open item을 클릭

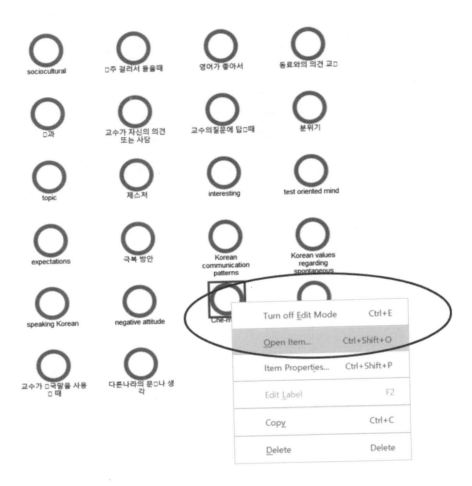

아래와 같이 문서 내용을 열람 할 수가 있다. 열람하는 동안에 사회문화적 요인 하부 노드 간 관계를 참여자 자료를 근거로 연관, 인과 등의 그림을 그려 나갈 수가 있다.

원 자료를 면밀하게 검토해 본 결과 아래와 같은 개념 지도를 도식화 하였다.

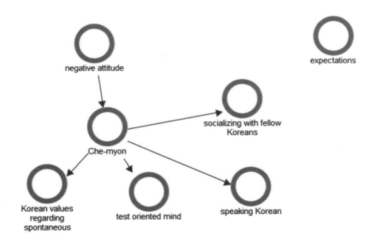

모델을 만들 때 새로운 모양을 추가 할 수도 있다.

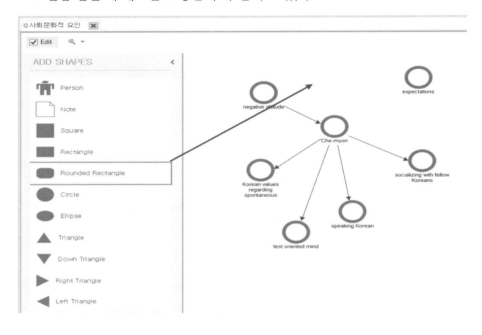

Edit Label을 클릭

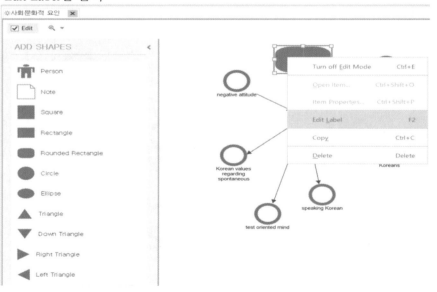

사회문화적 요인 입력

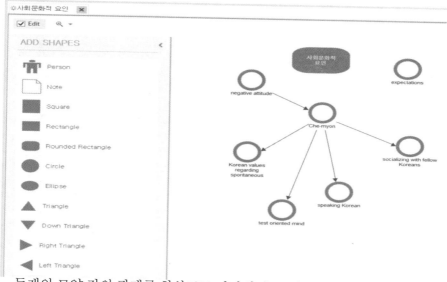

두개의 모양 간의 관계를 화살표로 나타낼 수도 있다.

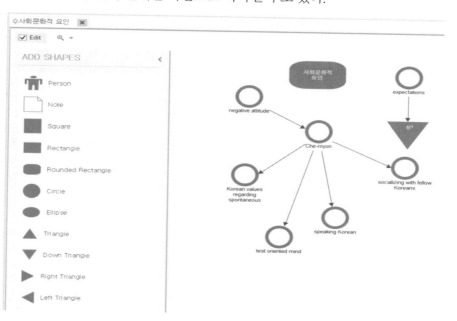

Explore > Chart > Charts

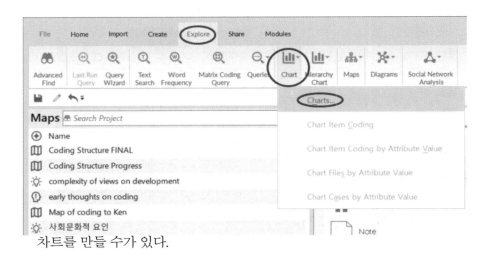

차트를 만들 수가 있다.

파일을 연도별로 분포를 보여주려면

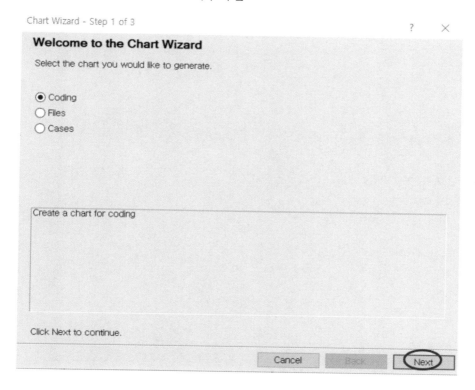

파일에 대해 만들어진 코딩 보기 선택 〉 Next 클릭

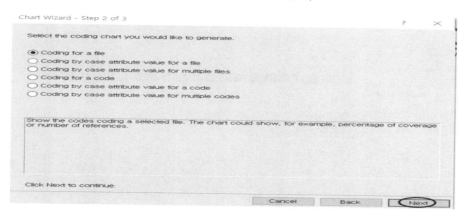

Select 클릭

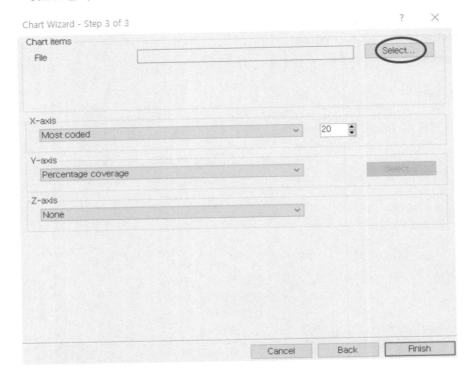

말하기 자료 > 일기 1 > OK를 클릭

Finish 클릭

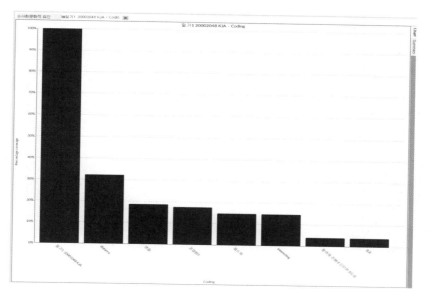

Chart Wizard - Step 3 of 3   ?   ×

Chart items
   File   FilesＷＷ일기1 20002048 KJA   Select...

X-axis
   Most coded   ⌄   20 ⇕

Y-axis
   Percentage coverage   ⌄   Select

Z-axis
   None   ⌄

                                   Cancel   Back   Finish

아래와 같은 결과를 볼 수 있다.

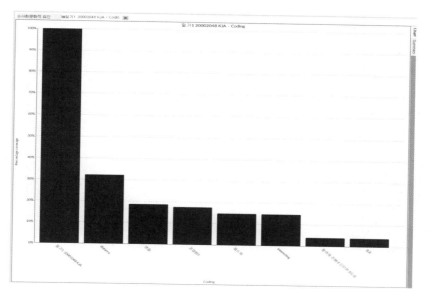

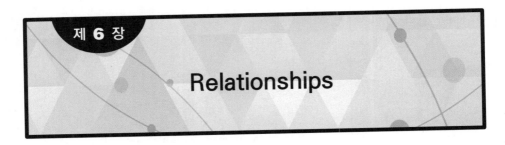

Relationships

제 6 장

Files 〉 Interviews

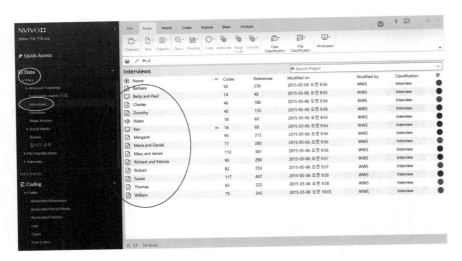

Interviews > 마우스 오른쪽 클릭 > Create As > Create as Cases

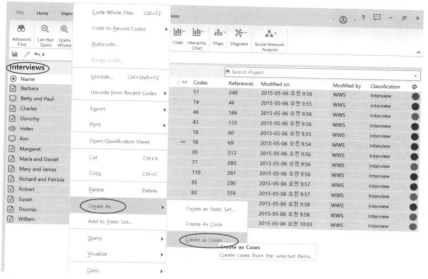

NVivo R1은 연구자가 질적 자료를 사용하여 매개변수를 토대로 사회 네트워크을 만들 수 있는 유연성을 가지고 있다. 제일 먼저 해야 할 일은 인터뷰 자료를 선택하고 Case를 만들어야 한다.

Cases > Cases > Assign to Classification > OK 클릭

Cases 〉 Cases 〉 Cases에서 만든 Case를 아래와 같이 볼 수 있다.

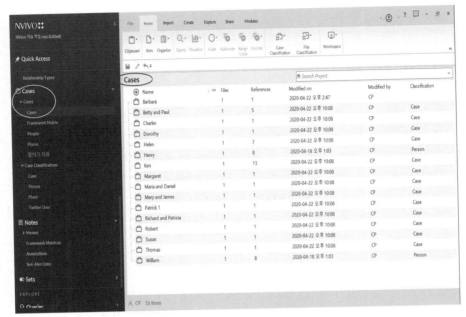

  Cases는 Codes처럼 특정한 연구와 관련한 모든 정보를 보유한다. 따라서 기본
단위는 개인 응답자나 단체가 된다. Cases를 만들면 소시오그램에서는 정점이 된
다.

  다음 단계에서는 Cases 간에 관계를 만들어 주어야 한다. Sample 자료를 보면 서
로 다른 사람들이 어떻게 서로 연결되어 있는지를 알 수 있다.

  서로 다른 관계 유형을 포착하고 Cases간 연관 관계를 파악하는 유연성을
NVivo R1은 보유하고 있다.

새로운 관계를 만들려면 Relationship > New Relationship 클릭

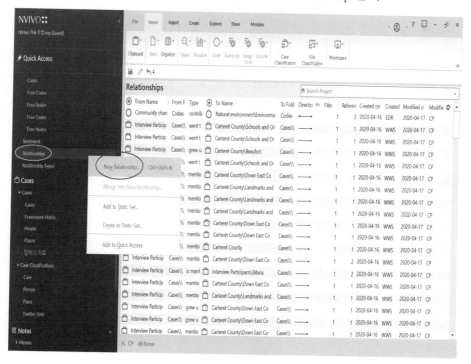

Select 클릭

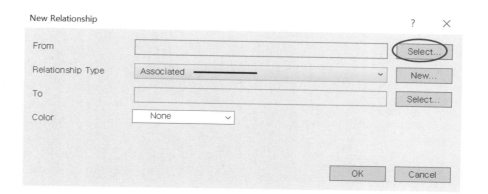

Cases 〉 Thomas 〉 OK 클릭

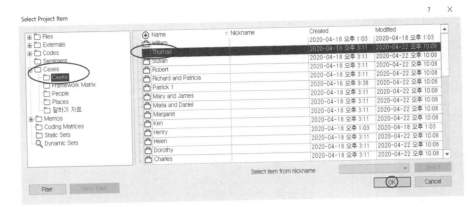

New 클릭

is married to 입력 > One Way direction 선택 > OK 클릭

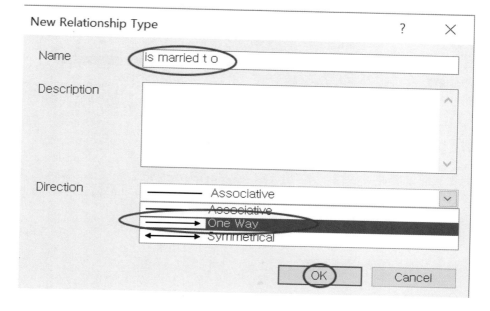

To 에서 Select

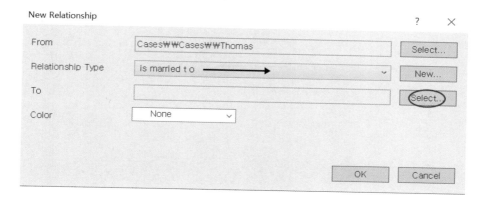

Cases > Cases > Susan > OK 클릭

OK를 클릭

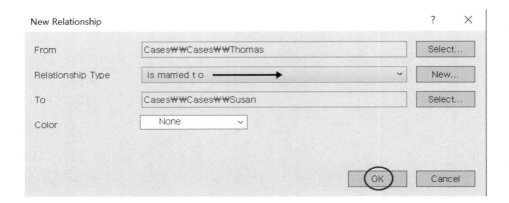

Thomas 가 Susan과 결혼한 관계라는 사실을 표시하려면 Thomas Case를 선택하고 서로 다른 관계 유형을 만들 수가 있다. 애초 값으로 아래의 창이 뜬다.

Robert의 협력 관계를 나타내는 새로운 관계를 추가로 만들어 보자.

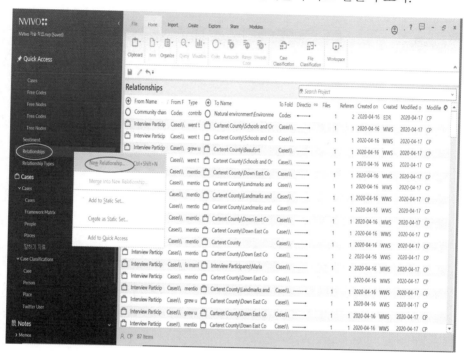

From에서 Select

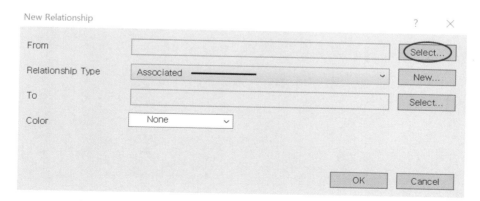

Cases 〉Cases 〉 Robert 〉 OK 클릭

Relationship Type 〉 New

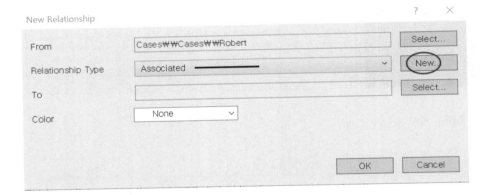

Collaborates with > Associative > OK 클릭

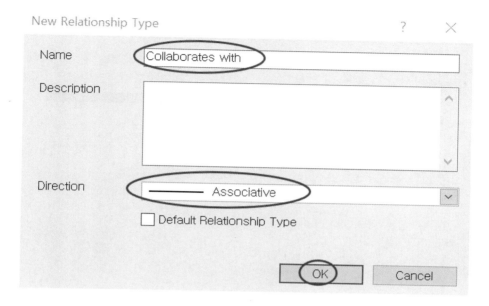

To에서 Select 선택

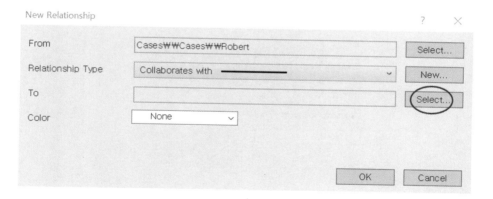

Cases > Cases > Susan > OK 클릭

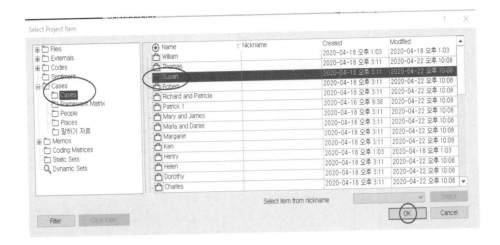

OK 클릭

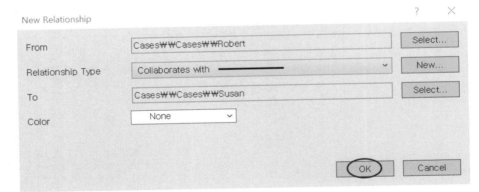

Susan이 Charles에게 돈을 증여하는 관계를 만들어 보자. 일방적인 관계라고 볼 수 있다. Relationship > New Relationship 클릭

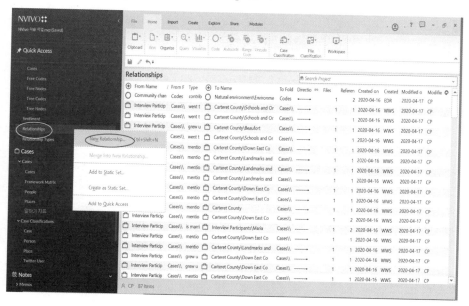

From에서 Select

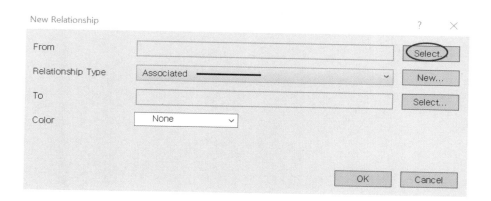

Cases 〉 Cases 〉 Susan 〉 OK 클릭

Relationship Types 에서 New 클릭

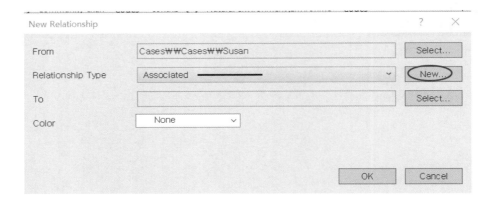

One Way 선택 〉 OK 클릭

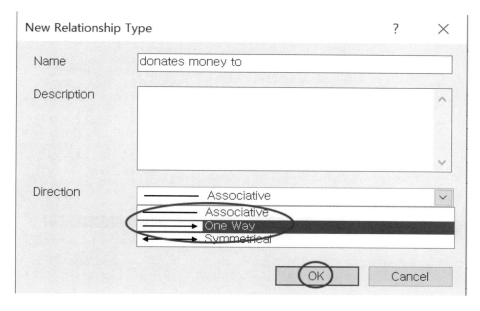

To 에서 Select 클릭

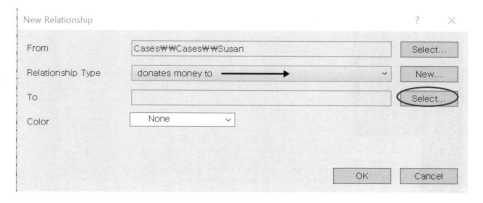

Cases 〉 Cases 〉 Charles 클릭 〉 OK 클릭

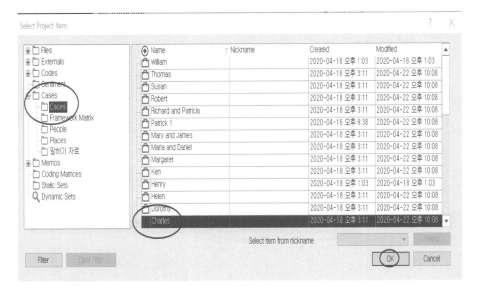

여러 사례에서 같은 종류의 관계가 있을 경우, 예를 들면, Thomas가 Dorothy와
협업의 관계에 있는 것을 포착해 보자. Relationship 〉 New Relationship

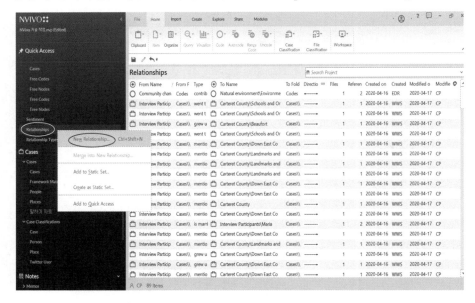

Cases 〉 Cases 〉 Thomas 〉 OK 클릭

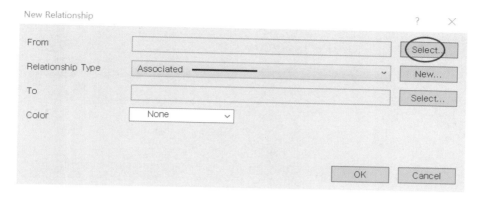

Cases 〉 Cases 〉 Thomas 〉 OK

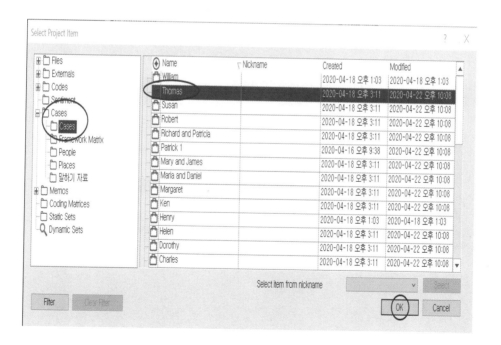

New 클릭

New Relationship

From	Cases₩₩Cases₩₩Thomas		Select...
Relationship Type	Associated ——————	⌄	New.
To			Select...
Color	None ⌄		

OK   Cancel

Works together with 입력 > symmetrical > OK 클릭

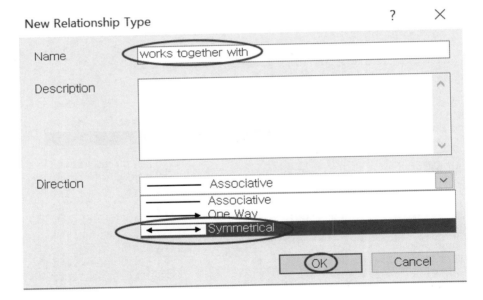

New Relationship Type

Name	works together with
Description	
Direction	—————— Associative ⌄

—————— Associative
————→ One Way
←———→ Symmetrical

OK   Cancel

Select 클릭

New Relationship

From	Cases＼＼Cases＼＼Thomas	Select...
Relationship Type	works with	New...
To		Select..
Color	None	

OK   Cancel

Cases 〉 Dorothy 〉 OK 클릭

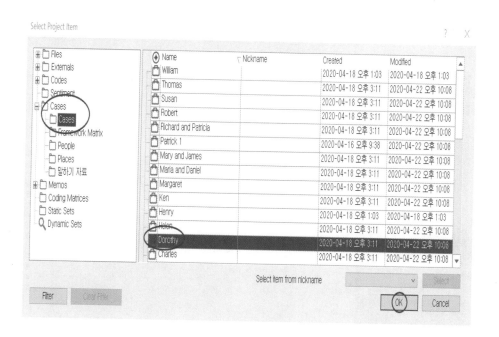

OK 클릭

New Relationship   ?   ✕

From	Cases￦￦Cases￦￦Thomas	Select...
Relationship Type	works with ⟷ ⌄	New...
To	Cases￦￦Cases￦￦Dorothy	Select...
Color	None ⌄	

OK   Cancel

설문조사를 시행하고 자료가 있을 경우에 가능한 분석이다.

서로 다른 관계 유형은 지엽적인 질문을 다루다가 나올 수 있는데 그 내용을 관계 Codes로 자료 코딩을 할 수 있다.

인터뷰 자료 중에 William의 가족이 Smyrna에 살고 있는 점을 포착하려면

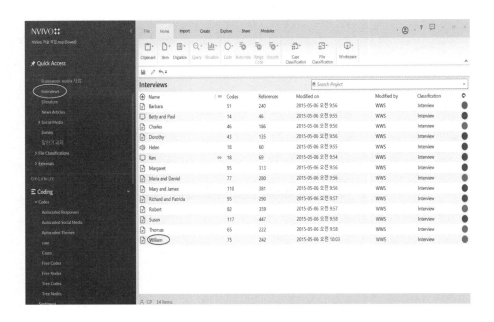

아래와 같이 William의 자료를 열람 할 수 있다.

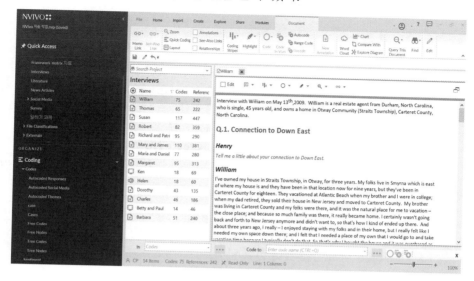

Code Selection 선택

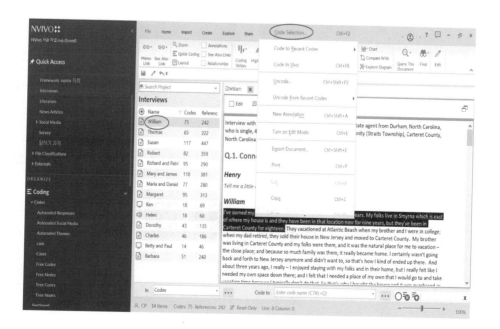

Relationship 선택 〉 스크롤바를 아래로 내려서

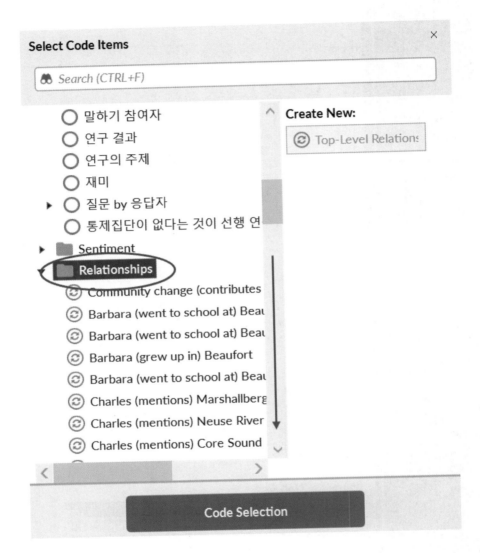

William has family in Smyrna 선택 > Code Selection to William 클릭

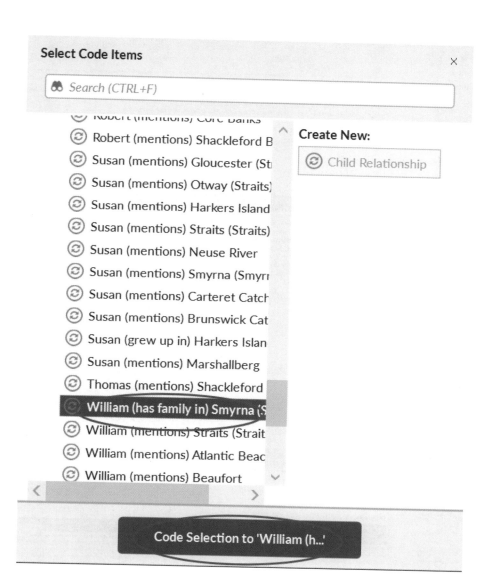

Coding Stripe 옆 역삼각형 클릭

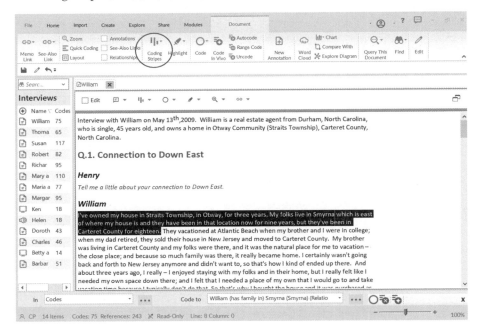

All 선택

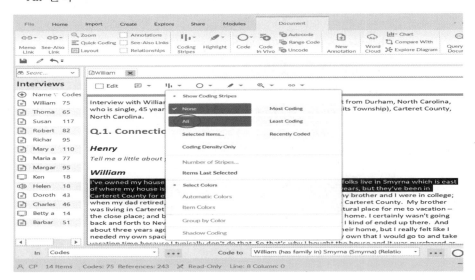

코딩이 제대로 되었는지 확인 할 수 있다.

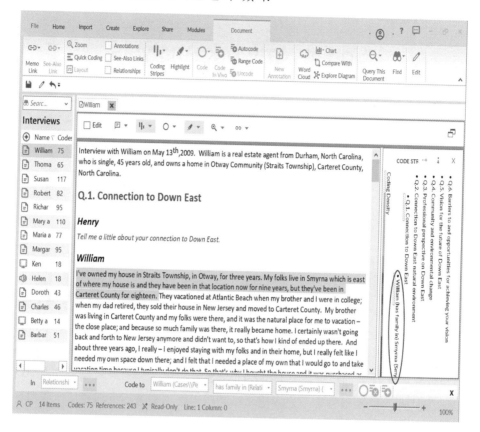

제 7 장

Social Network Analysis

사회 네트워크 분석은 사람, 조직, 그룹 또는 다른 실제 사이의 관계와 흐름을 매핑할 때 사용 하는 방법을 말한다. 소시오그램과 NVivo R1은 네트워크를 탐구하기 위하여 소시오그램을 사용하여 연결을 시각화 하는데 도움이 되는 다이어그램을 전시함으로써 사회 네트워크를 분석하는데 도움이 되고 지역사회의 취약계층이나 연구 정보의 흐름에 영향을 주는 사람으로 파악되는 사회적 상호의존도에 영향은 무엇인가에 대한 답을 제시한다.

NVivo R1은 사례의 모집단과 그들의 관계를 사회 네트워크 분석을 통해 수행하고 다양한 자료를 통해 소시오그램을 만들 수 있는 능력을 보유하고 있다. NVivo R1은 다양한 자료를 잘 다룰 수 있고 NCapture로 인터넷에서 자료를 받아오면, 자동으로 소시오그램을 만들어 준다. 전자 우편 소시오그램을 만들려면 Outlook에서 자료를 불러올 수 있다. 또한 사례나 관계를 나타내는 네트워크를 만들면 어떤 유형의 자료라고 할지라도 소시오그램을 만들 수 있다.

What are Sociograms?

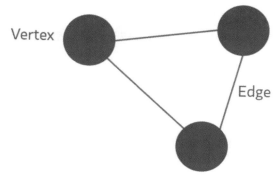

Vertex

Edge

    소시오그램은 사회네트웍 분석을 시각화 한 것을 말한다. 위의 그림에서 원을 정점 이라 하고 정점은 사람, 그룹, 또는 그 밖의 실제를 나타낸다. 정점과 정점 사이에 있는 것을 엣지 라고 하며 NVivo R1에서 정점 간의 연결이나 상호작용을 나타낸다. NVivo R1에서 정점은 Case Codes를 말한다.

Sociograms in NVivo

    NVivo R1에서 만들 수 있는 소시오그램에는 자기 중심적 소시오그램이 있는데 다른 정점과 관계를 가지는 핵심 정점 '이고'를 말한다. 이고는 자기중심적 소시오그램에서 별로 시각화 하였다. 위의 그림에서 이고는 Maria이고 별로 표시된 이고를 통해 하나의 특정한 사례와 연결된 모든 사례를 보는 것이 가능하다. 네트웍 소시오그램은 자기중심적 소시오그램과는 달리 전체 또는 부분 네트웍을 시각화 하여 표현하고 중심 포인트는 없다. 모든 정점은 동등한 네트웍을 구성하고 있다. 소시오그램은 한 그룹의 사례가 어떻게 연결되고 고립된 사례를 시각화 한다. 트위터 소시오그램은 트위터 자료를 NVivo R1으로 불러오면 자동으로 생성된다. 정점과 연관된 소시오그램이 트위터 핸들이고 엣지는 사용자가 리터윗과 맨션으로 어떻게 연결되고 있는지를 보여준다.

Sociograms in NVivo

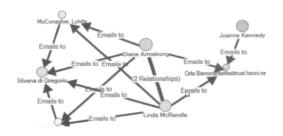

전자 우편 소시오그램은 연구자가 Outlook 전자 우편 자료를 불러오면 자동 생성이 된다. 정점은 전자우편을 보낸 사람이고 엣지는 전자 우편을 받고 답을 하는 사람을 말한다.

본서에서는 NVivo R1을 통해 소시오그램을 만들고 사회 네트웍 분석을 수행하는 방법에 대해 공부해 보도록 하자. NVivo R1에서 소시오그램의 기본적인 블락 쌓기를 하는 방법에 대해 시연하겠다. NVivo R1은 개인, 조직, 또는 연구자가 만들기를 원하는 그 무엇이라도 해당하는 사례를 만들 수 있다. 다음으로 사례 Code를 만들고 사례 간의 연관성을 포착하는 관계 코드를 만들고 엣지가 된다. 소시오그램에서는 자기중심적 그리고 네트웍 소시오그램을 만들고 트위터 소시오그램 뿐만 아니라 연구자 자신의 자료를 불러오고 전자 우편 네트웍을 시각화하는 중앙 측정치를 연구자가 탐구할 수 있도록 도와준다.

1. Sociogram

전술한 Tweeter 자료에서 나온 사람들 간의 관계의 수를 가지고 관계를 토대로 한 소시오그램을 만들 수가 있다.

Susan의 egocentric sociogram을 만들어 보자. Cases〉Cases 〉Cases 〉Susan 클릭

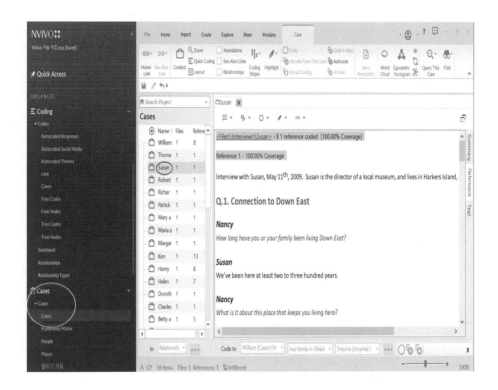

Explore 〉 Social Network Analysis 클릭

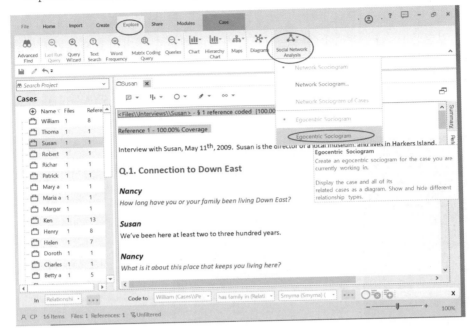

Susan이 ego이고 별로 표시한다.

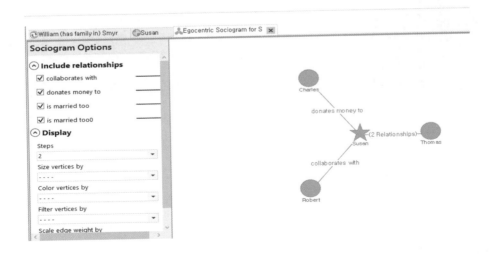

중앙치(number of centrality measures)를 측정하고 내보내기를 할 수 있다.

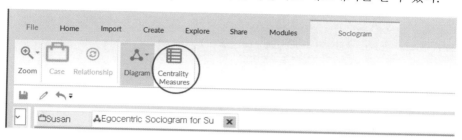

이미지로 내보내기를 할 수도 있고 다른 사회 네트워크 분석 소프트웨어로 Patrick edge list로 내보내기를 할 수 있다.

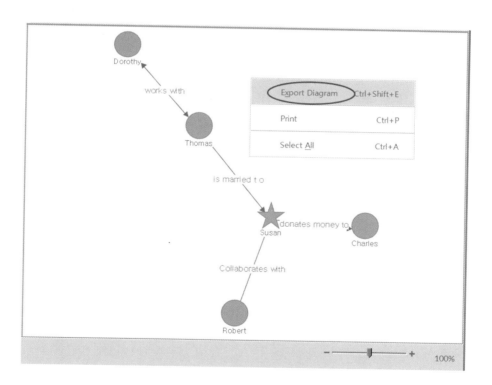

Cases에서 Charles, Dorothy, Robert 과 Susan 선택

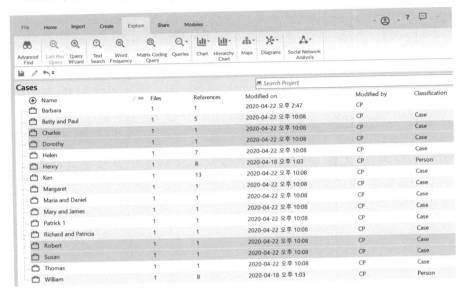

Social Network Analysis 〉 Network Sociogram 클릭

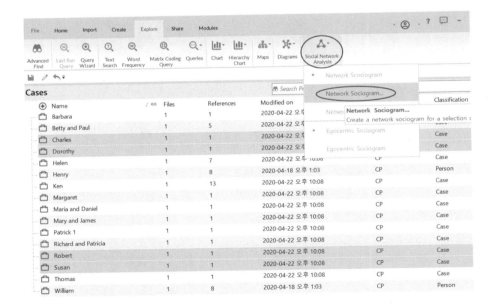

Cases 〉 Cases 〉 Charles, Robert, Dorothy 그리고 Susan 체크 마크 〉 OK

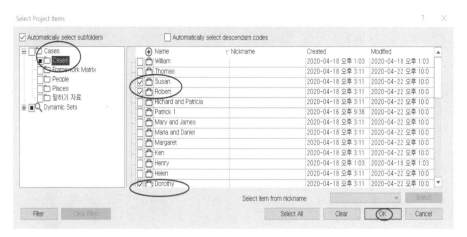

Diagram을 아래와 같이 볼 수 있다.

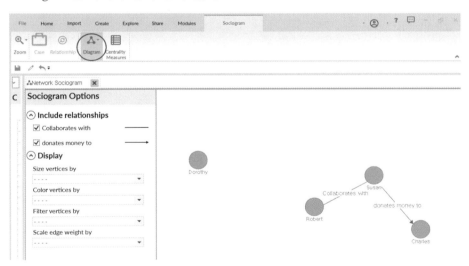

Centrality Measures 클릭

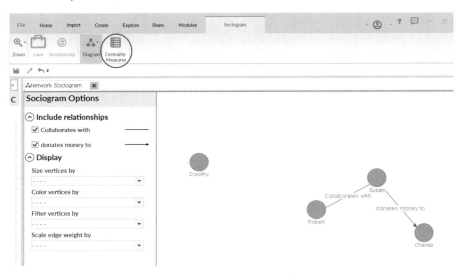

Centrality Measures 클릭

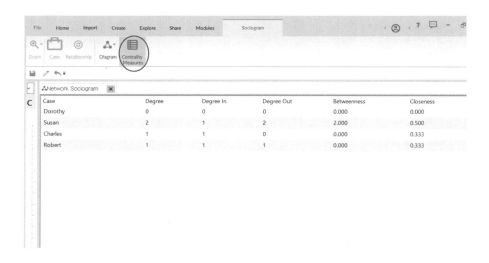

Case	Degree	Degree In	Degree Out	Betweenness	Closeness
Dorothy	0	0	0	0.000	0.000
Susan	2	1	2	2.000	0.500
Charles	1	1	0	0.000	0.333
Robert	1	1	1	0.000	0.333

Degree, Degree In, Degree Out, 그리고 Betweenness 와 같은 중앙치 수(number of centrality)를 산출해 준다.

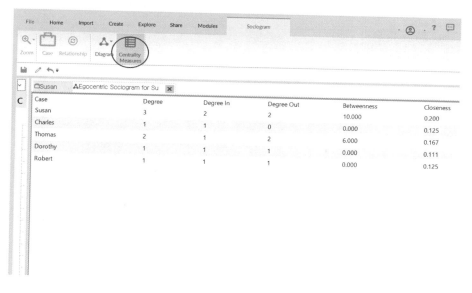

Degree는 참여자 간 연결 수를 말한다.

Degree in 은 정점에서 안으로 들어가는 연결 수를 말한다.

Degree out 은 정점에서 밖으로 나가는 연결 수를 말한다.

Betweennesss는 다른 정점과 최단 거리를 연결하는 정점의 수를 말한다.

허브와 데이터를 식별하는 방법으로 정점과 네트웍 간의 가장 가까운 거리를 말한다.

Diagram에는 여러 가지 소시오그램 옵션이 있다. Collaborates with를 *끄면* 네트워크상에 어떤 변화가 있는지 알아보자.

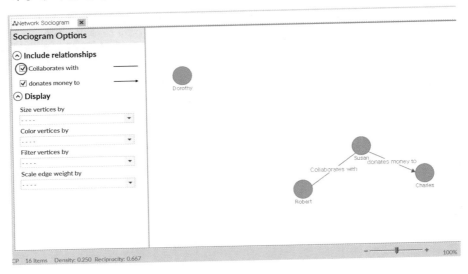

Click to redraw를 클릭

아래와 같이 Susan과 Robert의 관계가 단절된 형태로 나타난다.

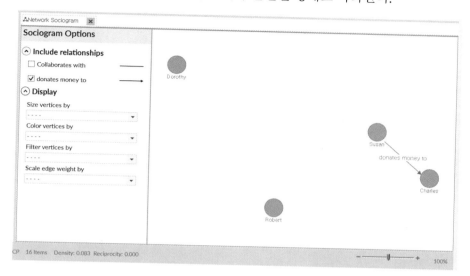

Display 하단을 보면 정점의 크기, 색상, 여과기, 그리고 Scale edge weight을 조정할 수가 있다.

2. Twitter

File 〉 Social Media 〉 CarteretCounty 클릭

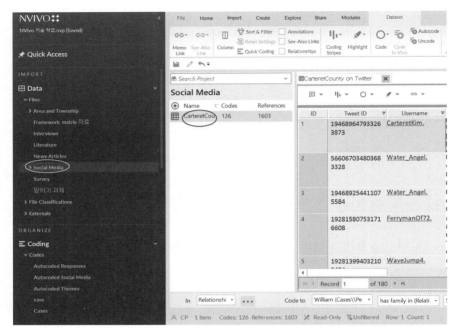

NVivo R1은 Twitter, face book data 그리고 youtube와 같은 사회 미디어 자료 유형을 불러오고 Case간의 관계를 만들 수 있다. 이와 같은 방식으로 소시오그램을 만들고 네트웍 메트릭스를 확보 할 수 있다. 여기서는 샘플 프로젝트에 있는 트위터 자료를 열고 전형적인 자료 세트가 어떤 것인지 살펴보고 각각의 서로 다른 시각을 알아보도록 하자. NVivo R1에는 차트, 군집분석, 그리고 지도가 있는데 여기에 트위터 소시오그램을 더하고 트위터 자료 세트를 일종의 소시오그램으로 간주해서 작업을 하겠다.

Social Media 〉 CartretCounty 클릭 〉 Table 보기

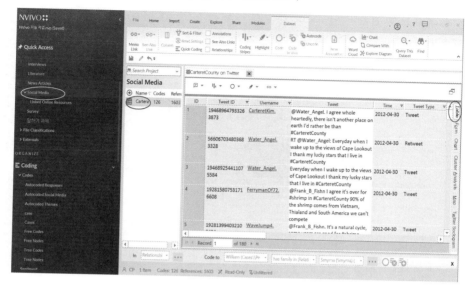

각각의 트윗은 행으로 그리고 열에는 여러 가지 구성요소가 있다. Tweet 내용을 코딩을 할 수 있다.

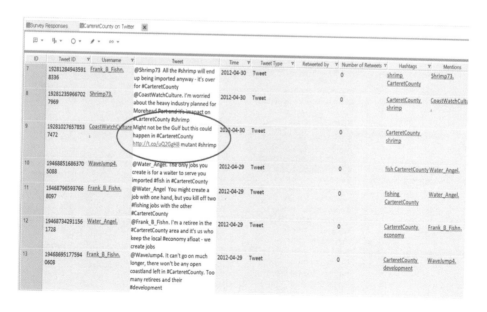

특별한 아이디어를 트윗으로 분석하려면 Tweet 자료를 선택하고 서로 다른 주제나 개념은 코딩을 한다. Code는 질적 자료를 담아두는 바구니로 소스, 포스트, 또는 트위터에서 관련된 자료를 모은다.

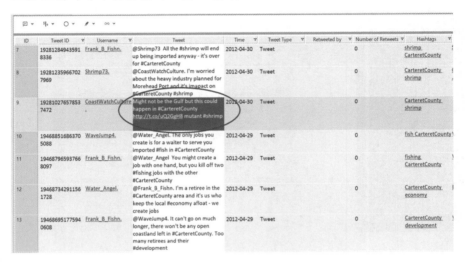

좌측 상단 0의 역삼각형 클릭 〉 Code Selection 클릭

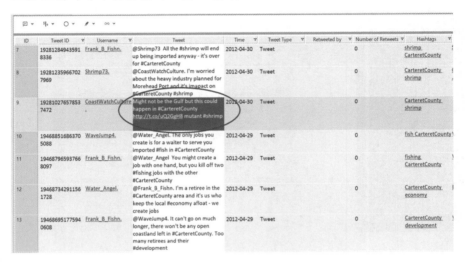

또는 해당하는 자료 옆에서 오른쪽 마우스 클릭 〉 Code Selection 선택

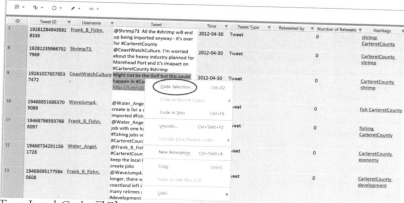

Top-Level Code 클릭

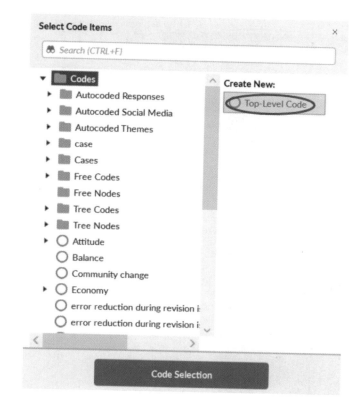

Tweeter data 입력 > Code Selection to 'New Code' 클릭

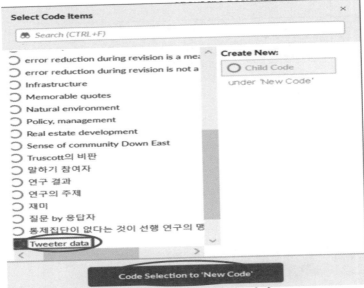

코딩 된 내용은Codes에 가면 확인 할 수 있다.

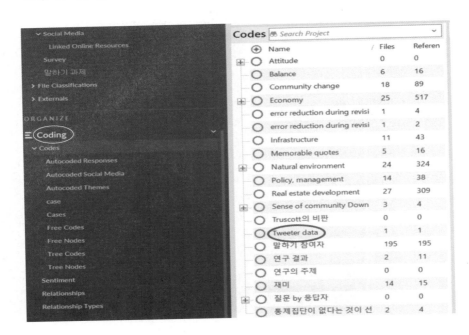

Codes 〉 Tweeter data 클릭

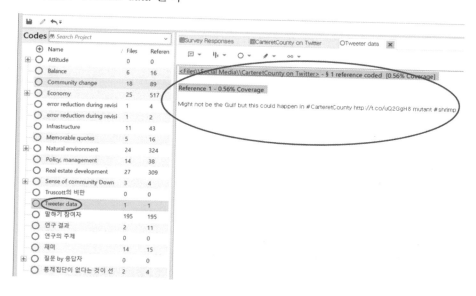

위의 자료에 나오는 링크를 클릭 하면 관련 자료와 동영상을 시청 할 수 있다.

ENVIRONMENT 04/18/2012 12:59 pm ET | Updated Apr 18, 2012

Gulf Seafood Deformities Raise Questions Among Scientists And Fisherman (VIDEO)

By James Gerken

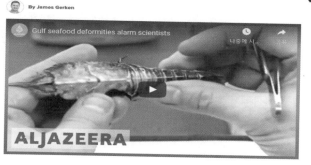

While the true extent of the 1989 Exxon Valdez oil spill was not known for about 4 years, as Al Jazeera notes in the video above, the repercussions of BP's 2010 Deepwater Horizon spill in the Gulf of Mexico may become apparent more quickly.

차트로 가면 사용자 이름 by 레퍼런스 수를 볼 수 있고 특정한 시간 동안에 트윗을 한 수를 자동으로 계산한다. Twitter 자료 세트를 보고 연구자가 결정 할 수 있다.

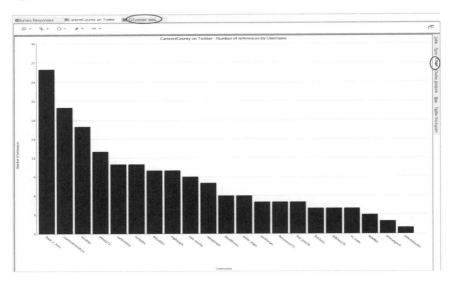

Dataset > Select Data 클릭

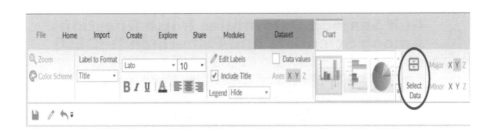

Chart Options

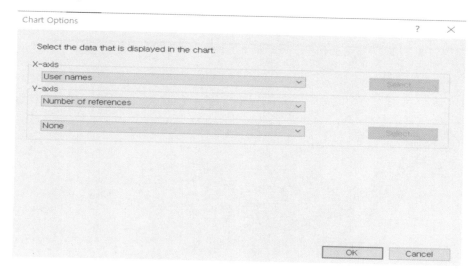

Y축의 None을 Hashtags로 바꾸고 OK 클릭

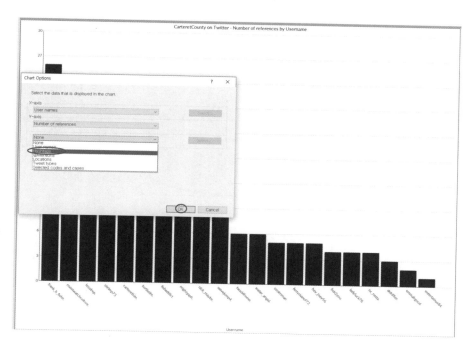

아래와 같은 표를 볼 수 있다.

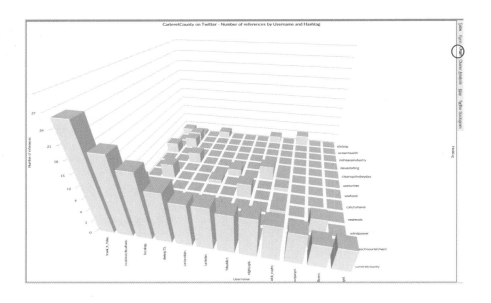

위의 표가 마음에 들지 않거나 연구자가 선호하는 방식의 표가 있는지 보려면 상단의 리본에서 선택을 할 수 있다.

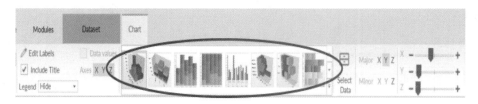

그림 기준으로 좌측 첫 번째가 애초 값으로 지정이 되어 있는데, 세 번째 그림을 선택 하면 아래의 그림을 볼 수 있다.

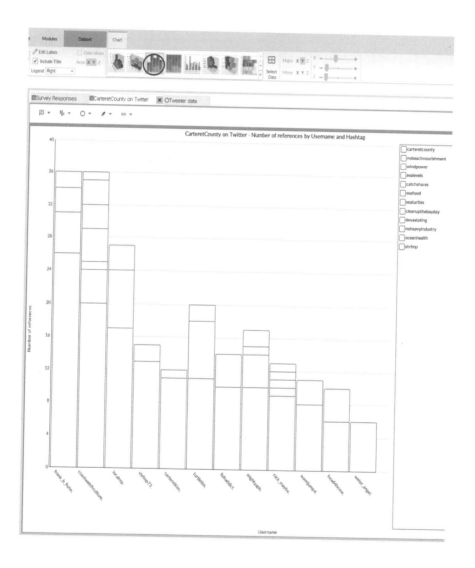

우측 마지막 그림을 선택하면 아래의 그림을 볼 수 있다.

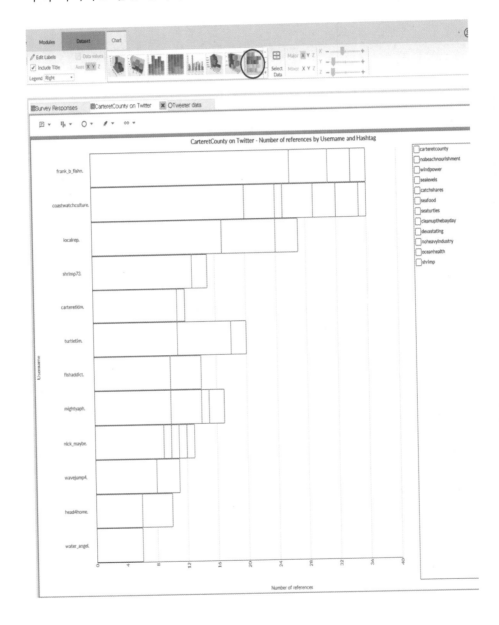

자세한 내용을 보려면 자료에 해당하는 부분에 가서 오른쪽 마우스 클릭

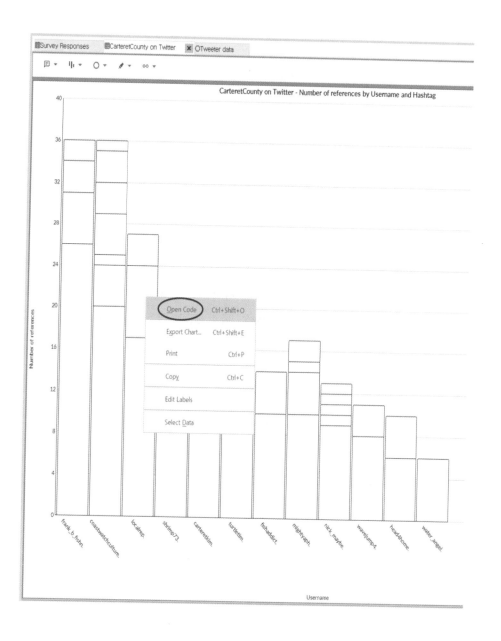

아래와 같이 해당하는 자료의 내용을 자세히 살펴 볼 수 있다.

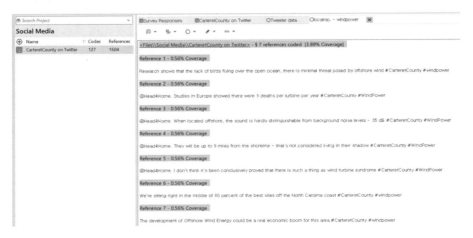

　Cluster analysis를 열고 수직 덴도그램을 보면 유사한 항목 간 군집을 이루고 있
는 것을 볼 수 있다. Twitter handles 또는 사용자간 Twitter에서 사용한 단어의 유사
성에 따라 군집을 만든 것이다. 사람들이 사용하는 단어의 유사성을 보여주는 대
화나 장소를 식별하여 준다. 군집 모양을, 회전, 3D로 바꿀 수 있다. Diagram을 정
적 이미지로 변경하고 내보내기를 할 수 있다.

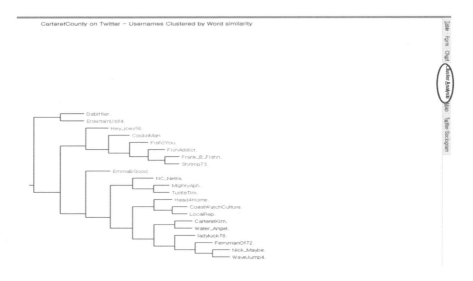

마우스 오른 쪽 클릭 〉 Export Diagram 클릭

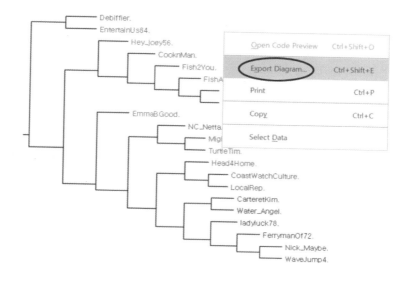

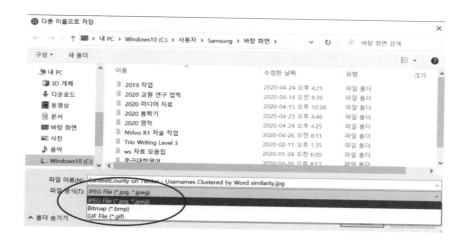

Map 클릭

NVivo R1의 모든 시각화된 자료는 내보내기를 할 수 있고 차트를 정적 이미지로 내보내기를 할 수 있다. Map에서 마우스 오른쪽 클릭 > Export Map 선택

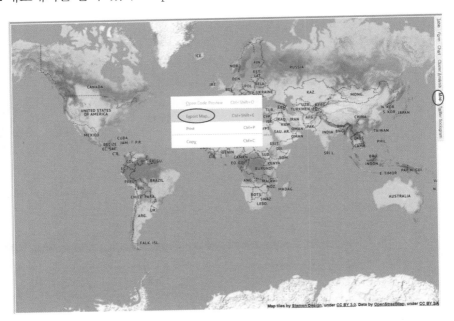

연구자가 원하는 양식으로 내보내기를 할 수 있다.

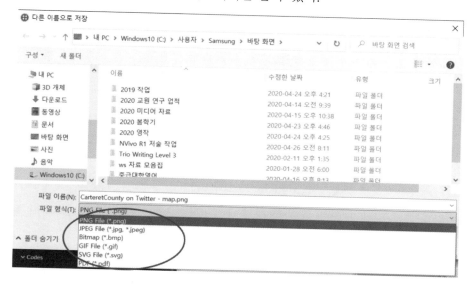

NVivo R1이 트윗의 장소를 자동으로 매핑 했다면 사람들이 트위팅 하는 장소를 신속하게 볼 수 있다. 위의 지도에는 이러한 매핑이 표기가 되어 있지 않아 전 세계에서 트위터를 하는 사람들이 어느 지역에 산재하는지는 알 수 없다. 사람을 대상으로 연구를 하기 때문에 지도도 마찬가지로 정적 이미지로 내보내기를 할 수 있다.

SNA에서 Auto code 는 특정한 사용자로부터 나오는 hashtag이나 모든 트윗을 자동으로 코딩하는 것을 말한다.

CarteretCounty SNA data 〉 Autocode 클릭

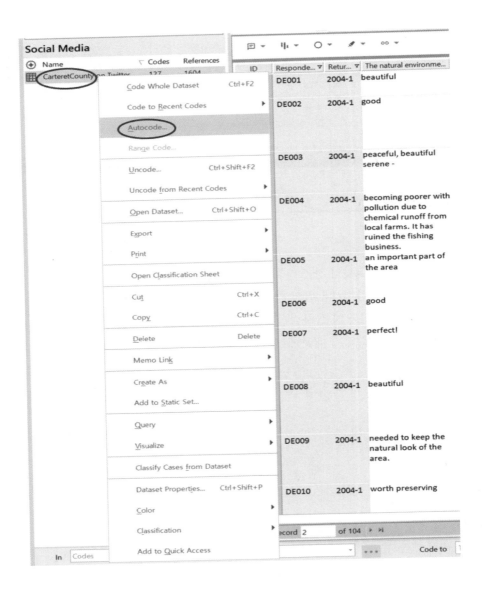

Auto code 〉 Step 1 〉 Use the source style or structure 선택

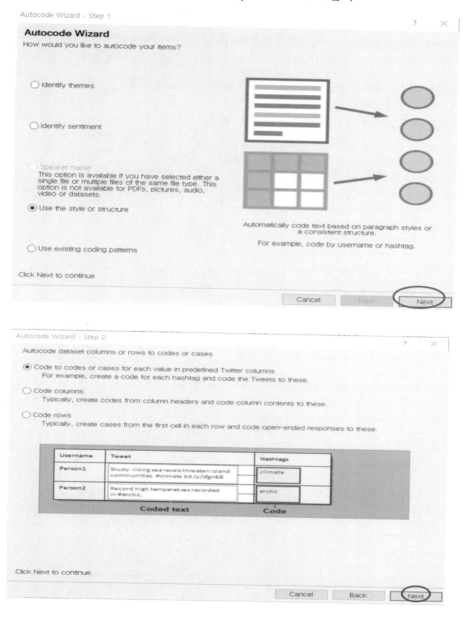

NVivo R1은 트위터 칼럼과 트위터와 hashtag 출처가 있는 메타 데이터를 통하여 연구자가 사회 미디어 자료를 코딩하려는 것과 흥미로운 정보를 감지한다. NVivo R1은 각각의 사용자 이름과 hashtag을 만들고 hashtag은 주제 아래에 구조를 잡는다. 연구자는 주어진 핸들에서 모든 트윗 자료를 모은 것에 대해 이름을 지정하는 코딩을 한다. 핸들이 Case 아래에 놓이며 Finish 클릭

Codes 〉 Twitter, Cases 〉 Twitter 〉 Finish 클릭

사용된 hashtag을 볼 수 있고 레퍼런스를 정리하면 가장 최근에 사용한 hashtag 을 볼 수 있다.

블로그 포스트에서 여러 차례 리트윗이 있었던 것을 알 수 있고 트위터 데이터 로 갈 수 있다.

블로그 포스트를 나중에 접근 할 수도 있고 웹 페이지 PDF로 불러올 수도 있으 니 링크는 남겨두고 자료로 돌아가자. 사람들이 연구자 트위터에 대해 말하는 여 러 가지 주제와 가장 방문을 많이 하는 트위터를 탐구하는데 도움이 될 수 있도록 hashtag으로 자료를 구조화 하였다.

Codes 〉 Twitter 〉 Hashtags 옆의 플러스 표시 클릭

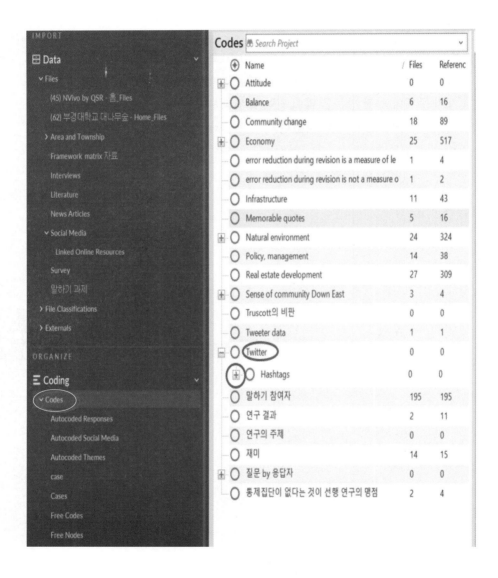

Hashtags 하부 자료 중 Cartret County 선택

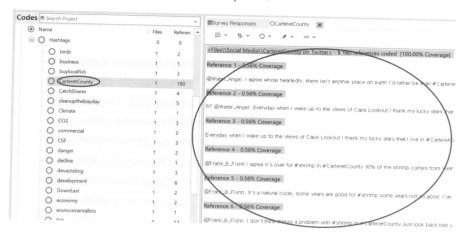

Autocoding 한 내용은 Autocoded Social Media에서도 볼 수 있다.

Coding > Autocoded Social Media

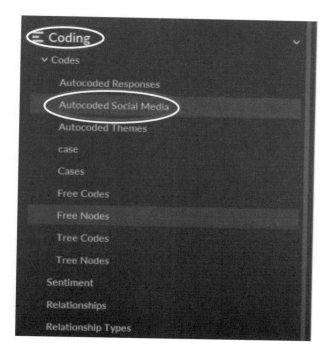

Hashtags 옆 플러스 표시 클릭

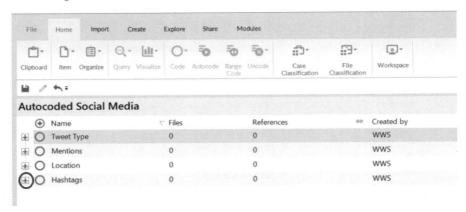

Wind power 선택하고 클릭하면

Wind power 관련 레퍼런스를 볼 수 있다.

트위터 자료에 대한 사회 네트워 분석을 하며 연구자들은 사회 네트워 모집단에 대한 사례와 관계를 시각화하기 위하여 소시오그램을 사용한다. 지금의 경우는 Case가 개인 트위터 사용자이며 줌 인을 하면 서로 리트위팅을 하는 여러 사람들의 네트워을 볼 수 있다. 누가 누구와 대화를 나누는지를 볼 수 있다. Twitter Sociogram 클릭

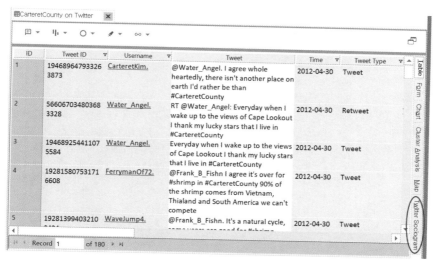

Sociogram Options 아래 라벨을 살펴보도록 하자.

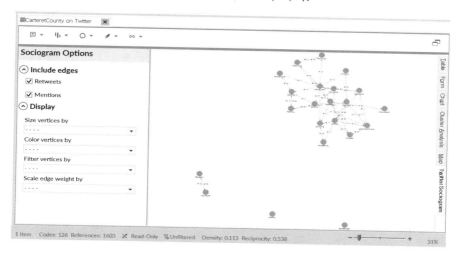

라벨은 어떤 종류의 연결이 있는지를 보여준다. 트위터 자료로 리트위터는 끌수 있다. 리트위터를 끄고 Click to redraw 를 하면 그림의 모양이 바뀐다.

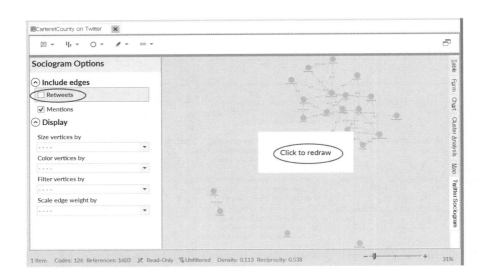

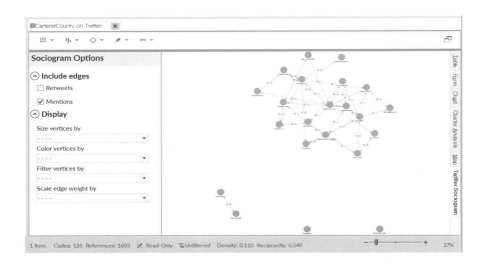

Retweet을 다시 체크하면 관련된 많은 정보가 다시 연결되고, 필터를 잡아주면 서로 다른 크기와 색상 옵션이 있는데 Degree In으로 정하기로 하자. Retweet 〉 Click to redraw

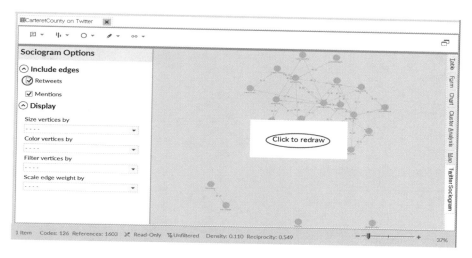

변경된 그림이 나오면 Filter vertices by 옆의 역삼각형 클릭

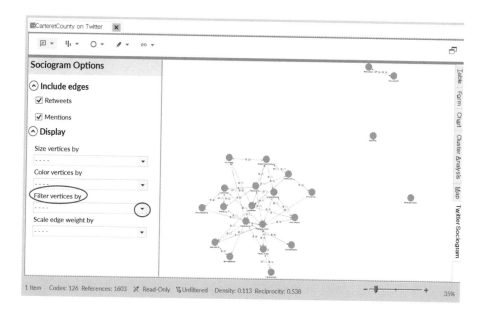

Degree In 선택

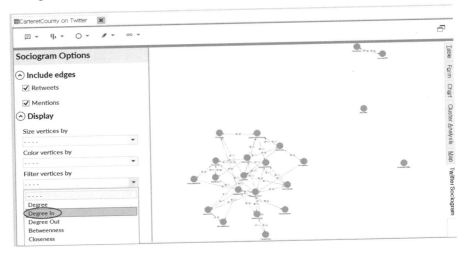

Click to redraw

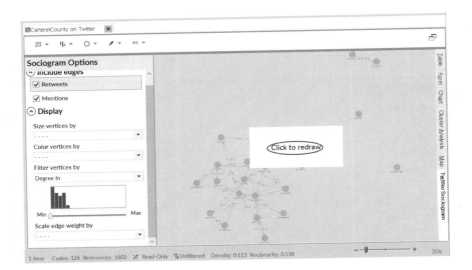

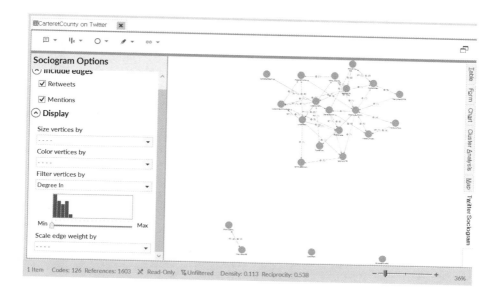

히스토그램은 소시오그램에서 제거 해야 할 자료가 얼마나 되는지를 보여주는 좋은 지표가 된다. 히스토그램 two step을 누르고 Click to Redraw를 한다.

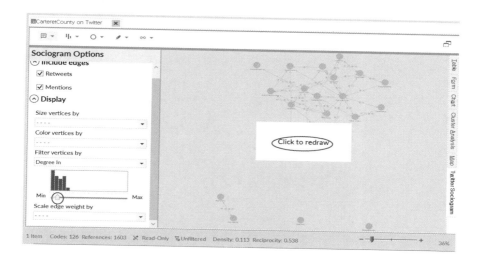

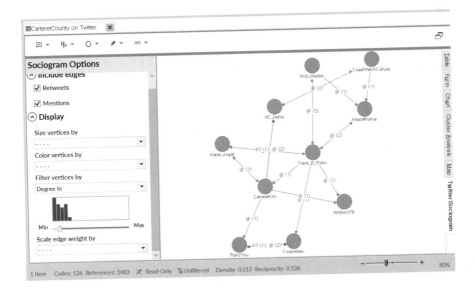

    그림을 보면 앞에서 보다 내용이 많이 사라졌고 자료 내에서 사례에 해당하는
핵심 사용자를 보여 주는데 저자가 Degree In으로 필터를 지정했기 때문이다. 가
장 말을 많이 한 사람이거나 리트윗을 가장 많이 받은 사람이 여기에 해당된다.

Scale edge weight 〉 Number of retweets/mentions 선택

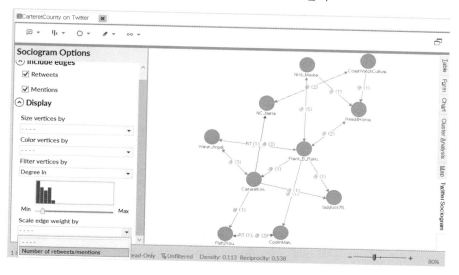

Click to redraw 클릭

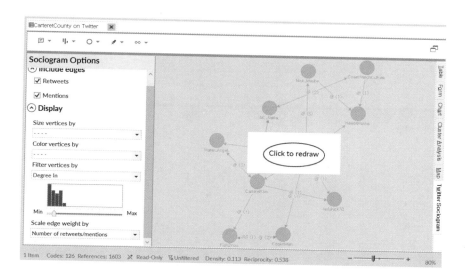

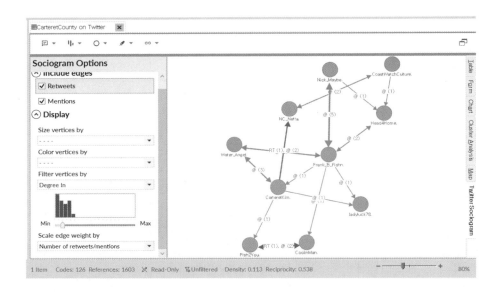

리트윗이 되거나 전후로 이동하는 트위터의 양을 보여주는데 이 부분을 정리하면 선의 두께가 달라지는 것을 볼 수 있다. Frank와 Nick의 선이 두꺼운 것으로 보아 이 두 사람 간에 많은 대화가 이루어졌다는 것을 알 수 있다.

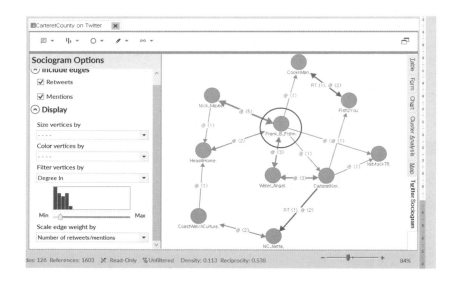

Dataset > Centrality Measures

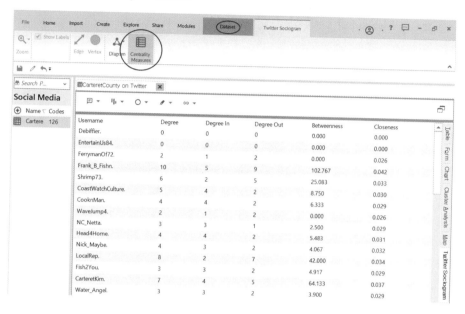

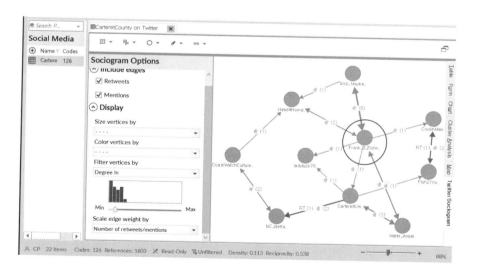

중앙도 측정을 하면 소셜 그라운드가 Frank를 중심으로 모이는 것을 알 수 있다.
Centrality Measure를 클릭 하면

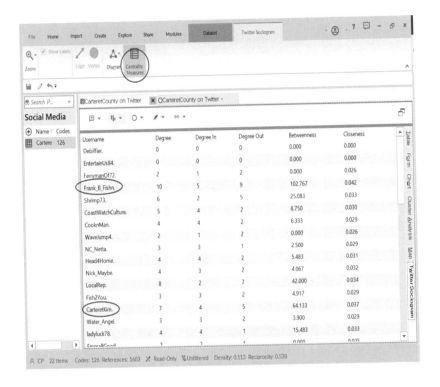

소시오그램 상에서 참여자 별 중앙 측정치를 볼 수 있다. 관심도에 따라 측정치를 분류 할 수 있다. Frank의 degree가 가장 높으며 많은 내용이 Frank를 중심으로 들어오고 나가는 것을 알 수 있다. CateretKim 도 마찬가지로 이동하는 정보의 양이 상당히 많은 것을 알 수 있다.

Frank와 Nick이 두꺼운 화살표로 연결되어 있는데 둘 사이에 낚시에 관한 대화가 많이 이루어지는 것 같다. 아래 그림을 보면 이 두 사람의 관계가 가장 굵게 표시가 되어 있다. 화살표 두 번 클릭 하면

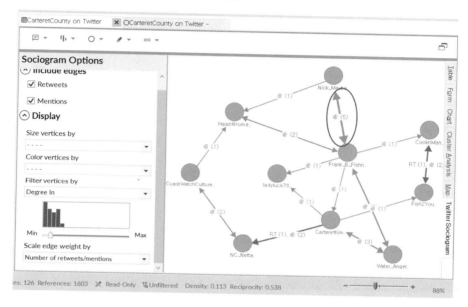

두 사람이 나눈 실제 대화로 들어 가 볼 수가 있다.

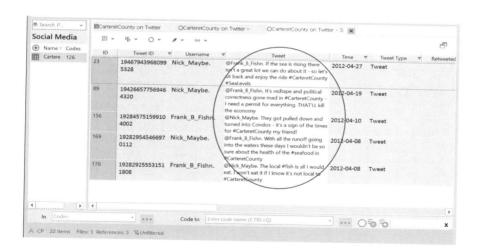

3. Facebook

Sources 〉 Internals 〉 QSR International Facebook

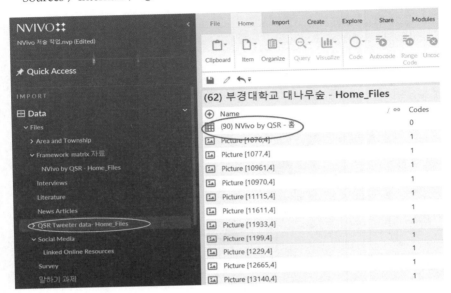

Tweeter data와 흡사한데 Post에 메타 데이터가 있다.

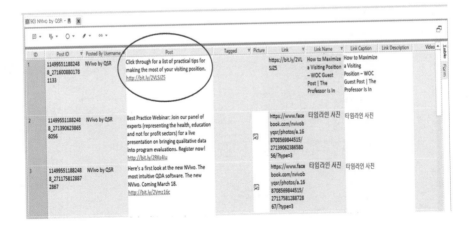

Post에 있는 자료는 코딩이 가능하다.

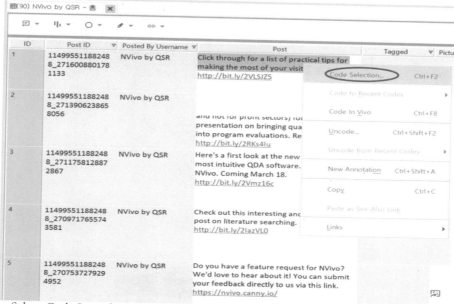

Select Code Items > Create New > Top-Level Code 선택

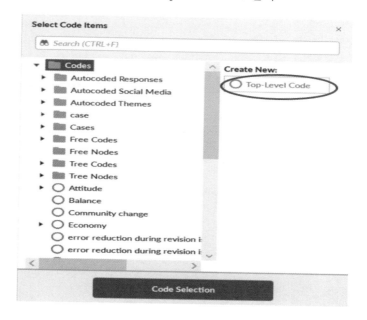

Select Code Items > Blog post 입력 > Code Selection to New Codes 클릭

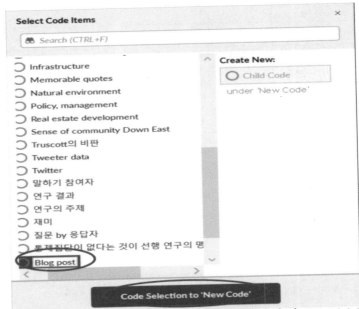

블로그 포스트에 있는 링크는 활성화 되어 있고 클릭하면 블로그 포스트로 갈 수 있다.

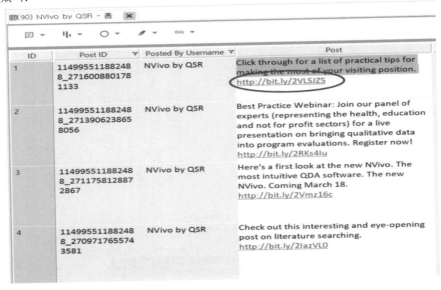

옆으로 스크롤을 하면 포스트에 사진 링크가 있는데 두 번 클릭 한다.

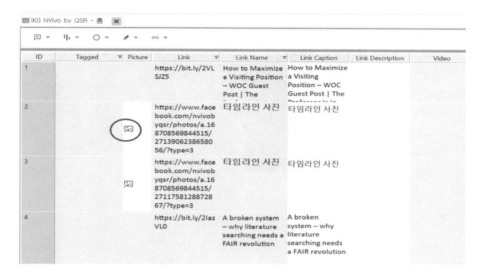

아래와 같이 링크가 된 사진을 볼 수 있다.

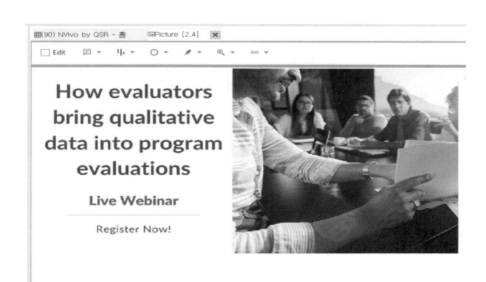

좌측 상단 Edit을 체크 마크 한다.

이미지 자체를 코딩 할 수 있고

이미지에 글을 입력할 수도 있다.

예를 들면, Caesar research being done here 또는 이미지의 특정한 부분에 대한
로그를 작성 할 수도 있다.

링크 설명을 보면 애초 생성된 후 만들어진 링크의 수를 알 수 있다.

ID	Tagged	Picture	Link	Link Name	Link Caption	Link Description	Video
4			https://bit.ly/2Iaz VL0	A broken system – why literature searching needs a FAIR revolution	A broken system – why literature searching needs a FAIR revolution		
5			https://www.facebook.com/nvivob yqsr/photos/a.16 8708569844515/ 27075372792949 52/?type=3	타임라인 사진	타임라인 사진		
6			https://bit.ly/3a2 Rkl2	PhD Talk for AcademicTransfer : How to find time for reading when you have a faculty position	PhD Talk for AcademicTransfer: How to find time for reading when you have a faculty position		
7			https://www.facebook.com/nvivob yqsr/photos/a.16	타임라인 사진	타임라인 사진		

268

업데이트 되었을 때에는 코멘트가 없다.

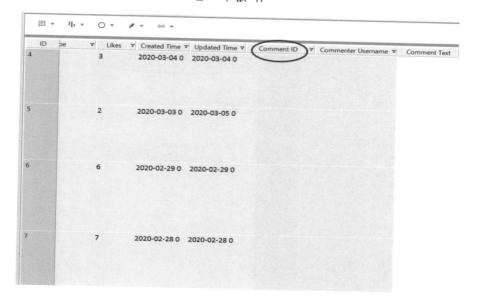

Auto code

트위터 데이터와 마찬가지로 Facebook에서도 Auto code를 할 수 있는데, Facebook 컬럼이 미리 지정된 각각의 코딩 값을 만들 수 있고 대화를 생성 할 수 있다. 서로 다른 자료를 바탕으로 구조화 하긴 위한 코딩을 만들 수도 있다. 예를 들면, 성별, 포스터, 가능하다면 종교 지역 등이 될 수도 있겠으나 저자가 대화를 모아서 구조화 하려고 할 때 특히 도움이 되는 기능이다.

Files 〉QSR Twitter data home files 〉오른쪽 마우스 클릭 〉Autocode 클릭

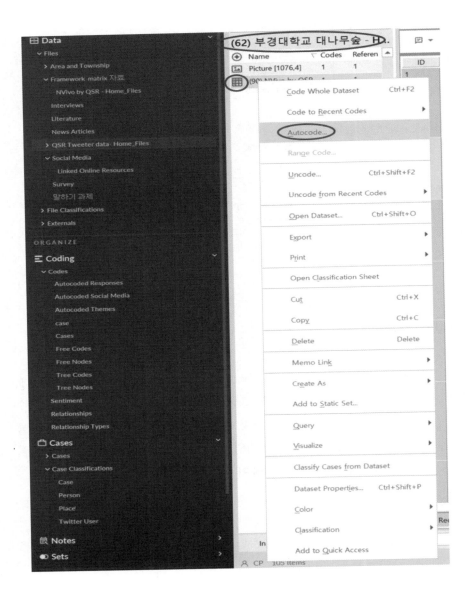

Use the style or structure 선택 〉 Next 클릭

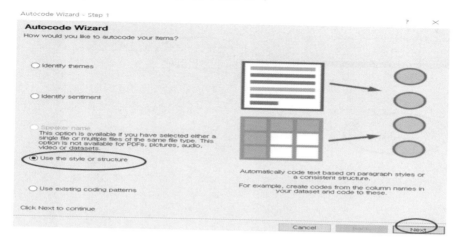

Code Columns 〉 Next 클릭

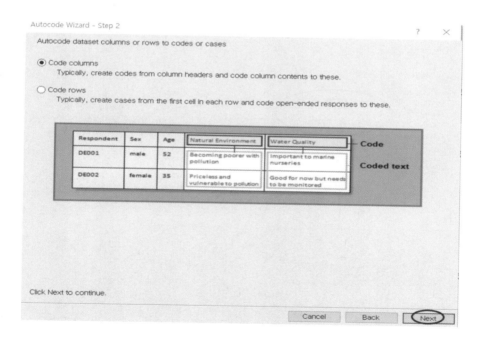

Post와 Comment text를 Codes의 하부 노드로 만들고 Next 클릭

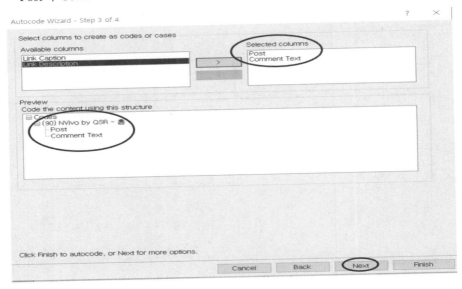

New Code or Cases > Codes > Facebook data

272

대화를 분석 할 때 NVivo R1이 모든 포스트와 관련된 논평을 하나의 Codes로 불러와 주는데 Codes 아래를 보면 대화를 볼 수 있다.

Codes > Facebook data 아래에 Post와 Comment Text가 있다.

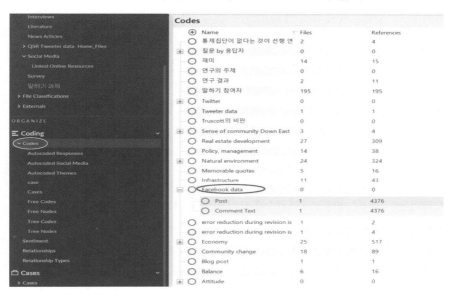

Comment Text 클릭

선행 연구와의 연계: Facebook vs Twitter

Campbell과 Lambright (2020)은 Lovejoy 와 Saxton(2012)의 참여 계층구조 이론을 활용하여 이해당사자의 참여를 유도하는 방법으로 비영리 단체에서 페이스북과 트위터를 사용하는 방식에 대해 알아보고 선행 연구에서 단일 플랫폼에 의존하는 한계를 극복하고자 하였다. 본 연구를 통해 참여의 계층 구조에 새 하부 노드를 추가 하였다. 추가로, 선행연구에서 조사한 비영리단체와 비교해 볼 때, 본 연구의 표본은 이해 당사자가 행동을 취하게 하려면 소셜 미디어 메시지를 가장 많이 활용한다고 말한다. 자원 의존과 관리 이론은 참여 조직 우선권 모드를 타당하게 설명을 하는 이론임을 확인 하였다.

연구 첫 번째 단계에서는 질적 소프트웨어 프로그램인 QSR Nvivo의 개별 조직 포스트와 트윗을 주제별로 코딩하여 각각의 참여 모드를 평가하였다. 초기 코딩 시스템은 연역적이었으며 러브조이와 색스톤(2012)이 사용한 코드에 토대를 두었다 (선 코딩). 러브조이와 색스턴은 트윗을 분류하기 위해 코딩 시스템을 개발했기 때문에, 두 명의 주요 저자와 두 명의 연구 보조자는 처음에 주 연구자들이 수집한 트윗을 분석했고, 현재 데이터에 더 잘 맞추기 위해 코딩 과정 전반에 걸쳐 이 계획을 수정했다. 트윗(즉, 정보, 커뮤니티, 액션)을 그룹화하기 위해 러브조이와 색스톤이 개발한 주요 카테고리를 유지했지만, 일관된 사용을 보장하기 위해 여러 개의 하위 카테고리를 추가하고 모든 코드에 대한 정의를 개발 했다.

다음으로, 주 연구자와 연구 보조원이 자료에 대해 연역적 접근과 세련된 재 코딩을 함으로써 트위터에서 개발하려고 한 기초 코딩을 사용하여 포스트 내용을 분류하였다. 게시물과 트윗을 모두 분류하는 데 동일한 최종 코딩 방식이 사용되었다. 적어도 두 명의 연구팀 구성원이 각 게시물과 트윗의 내용을 검토하고, 처음에 다른 코드에 할당된 내용을 논의한 후, 불일치 부분에 대해서는 합의점을 이끌어 나갔다.

총 1456개의 게시물 중 1,383개의 게시물과 이들이 편찬한 516개의 트윗 중 439개의 게시 방식을 코딩 할 수 있었다. 나머지 73개의 게시물과 77개의 트윗에 대한 참여 방식을 코딩을 하지는 않았는데, 그 이유는 그들이 다른 웹사이트에 대한 링크 외에 어떠한 텍스트도 포함하지 않았거나 단지 포스트 목적을 식별하기에 충분한 정보가 없었기 때문이다. 또한 이 단체의 주된 목적이 트위터가 아닌 페이스북에 게시하는 것이었기 때문에 페이스북에 게시되어 자동으로 생성되었던 트윗을 코딩하지는 않았다(즉, 페이스북에 게시된 사진은 이 단체의 두 소셜 미디어 계정이 연결되어 있기 때문에 자동으로 트윗으로 나타난다).

표 6은 표5 정보를 집계하고, 러브조이와 색스톤의 (2012) 주요 3대 카테고리(즉, 정보, 커뮤니티, 액션)에 게시물 비율과 트윗 비율을 나타낸다. 표 6에서 알 수 있듯이, 조직들은 팬들과 정보를 공유하기 위해 페이스북을 가장 혼하게 사용하고 있었다. 참여 모드 별로 분류된 1383개 게시물 가운데 절반 가까이(47%)가 정보 관련 게시물이었다.

표 5에 따르면, 조직은 그들의 활동에 대한 정보를 공유할 가능성이 가장 높았다: 14%의 조직이 임무 관련 정보를 공유하고 일반적인 정보를 공유하는 경우는 2%에 불과 한 것에 반해, 모든 게시물의 30%가 조직 정보를 공유하는 내용이었다. 페이스북의 행동 요청은 정보 관련 게시물(게시물 중 44%는 행동 관련 게시물, 표 6)과 거의 비슷했다. 기관들이 가장 자주 참여한 행동에는 비 모금 행사 홍보와 프로그램 참가자 모집(각각 모든 우편 번호 19%, 표 5)이 포함되었다. 커뮤니티 관련 게시물은 정보나 액션 관련 게시물보다 인기가 낮았다. 커뮤니티 구축에 초점을 맞춘 게시물(표 6)의 27%에 불과했다.

집계된 수치는 조직이 페이스북에서 이해관계자들을 다양한 방식으로 참여시켰다는 것을 시사하지만, 일부 조직들은 그들의 접근방식이 광범위하지는 못했다. 코딩을 한 97개 게시물이 있는 조직 중 표 7과 같이 이들 27개 기관(Facebook 샘플의 28%)의 게시물에 대한 참여 방식이 지배적이었다: (a) 15개 기관의 게시물 중 75% 이상이 행동 관련이었고, (b) 10개 기관의 게시물 중 75% 이상이 정보 관련이었고, (c) 2개 기관의 게시물 중 75% 이상이 통신 관련이었다. 나머지 72개 조직에서 포스트의 참여 방식에 더 많은 변화가 있었다.

TABLE 6 Posts and Tweets, by overarching modes of engagement

	% Information-related	% Community-related	% Action-related
Posts (n = 1,383)	47%	27%	44%
Tweet (n = 439)	29%	27%	51%

TABLE 7 Count (%) of organizations with predominant mode of engagement for their posts and tweets

	Count (%) of organizations with predominant mode of engagement for posts (n = 97)	Count (%) of organizations with predominant mode of engagement for tweets (n = 31)
Information-related	10 (10%)	1 (3%)
Community-related	2 (2%)	1 (3%)
Action-related	15 (15%)	5 (16%)
Total	27 (28%)	7 (23%)

Note: Organizations were considered to have a predominant mode of engagement for posts if 75% or more of their posts were related to one of the overarching categories. The same 75% standard was used when determining whether organizations had a predominant mode of engagement for their tweets.

단체들은 트위터를 페이스북과는 다소 다른 방식으로 사용하고 있는 것으로 보인다. 단연코 가장 일반적인 참여 방식은 추종자들에게 어떤 종류의 행동을 취하도록 요청하는 것이었다. 분류한 439개의 트윗 중 51%는 표 6과 같이 액션 관련이었다. 대조적으로 트윗의 29%만이 정보 관련이었고 27%는 커뮤니티 관련이었다. 페이스북과 마찬가지로 기관들도 트위터를 가장 자주 사용해 비 모금 이벤트를 홍보했다(모든 트윗의 17%, 표 5). 이들은 또 선교 관련 행동을 자주 요구했고 트위터(각각 트윗의 10%, 8%, 표 5)에서도 기부를 부탁했다. 페이스북과 비교했을 때, 표 7에서 예시한 것처럼 트위터(트위터 샘플의 22%)를 사용하는 조직의 일부에서 온 트윗의 참여 방식이 지배적이었다.

4. Youtube

QSR 웹 페이지로 간다.

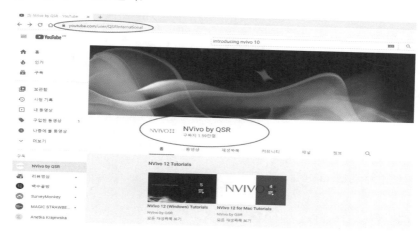

모두 재생 클릭

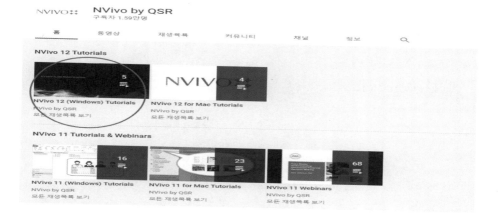

우측 상단에서 NCapture 클릭

Video and Comments 선택 〉 NVivo video 입력 〉 Capture 클릭

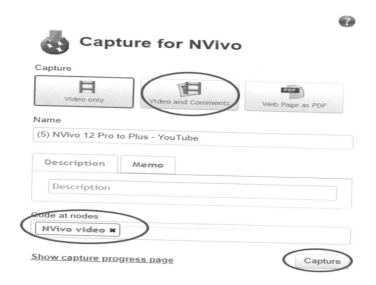

좌측 하단에 Status bar가 진행을 알려준다.

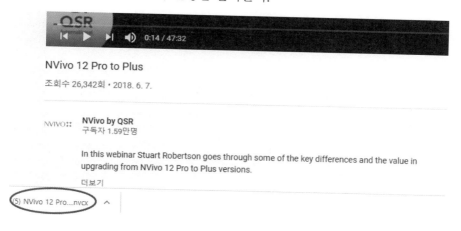

동영상은 확보 하였으나 동영상에 대한 문서를 확보를 해야 관련된 검색을 할 수 있다. 동영상에서 텍스트를 확보하는 방법은 여러 가지가 있으나 저자는 downsub을 많이 활용한다. Downsub에 동영상 주소를 알려주어야 하기 때문에 주소를 복사한다.

https://www.youtube.com/watch?v=AczCzACaLtc&list=PLNjHMRgHS4Fd7g 4Q1BQuQgm-gLxy97FqY

아래의 주소로 접속한다.

https://downsub.com/?url=https%3A%2F%2Fwww.youtube.com%2Fwatch%3 Fv%3DKIQrEufwtCQ%26t%3D832s

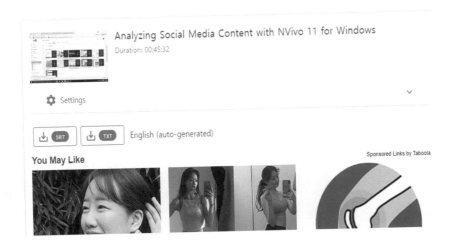

Downsub 우측 DOWNLOAD에 유튜브 동영상 주소를 삽입한다.

Downsub 화면 좌측 아래에 상태 도구 막대가 진행 상황을 알려준다.

Import > NCapture

NVivo 12 Pro to Plus 선택 〉 Import 클릭

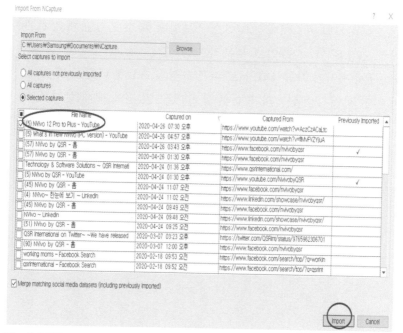

Files 〉 NVivo 12 Pro to Plus-Youtube 자료가 들어 왔다.

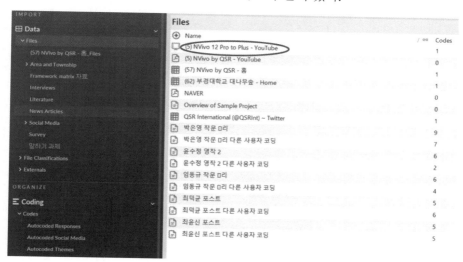

YouTube data는 Internal의 자체 폴더로 구조화 되어 있다. 코멘트는 데이터 세트로 구조화 되어 있는데 Facebook이나 Twitter 자료가 들어오는 방식과 유사하다. Facebook 이미지와 마찬가지로 비디오에 코딩을 할 수도 있고 자료 전체를 소셜 미디어로 코딩을 할 수도 있고 부분적으로 질적 자료를 사용 할 수도 있다. NVivo R1상에서 전사가 가능하다. 서로 다른 유형의 자료를 다룰 수도 있다. 자료의 내용이 어떤 것인지를 신속하게 살펴 볼 수 있는 방법에 대해 살펴보자.

Insert Row 클릭

아래와 같이 시간 스탬프 옆에 메모를 작성 할 수 있다.

코딩을 하고

Top-Level Code 선택

Qualitative video 입력 > Code Selection to New Code 클릭

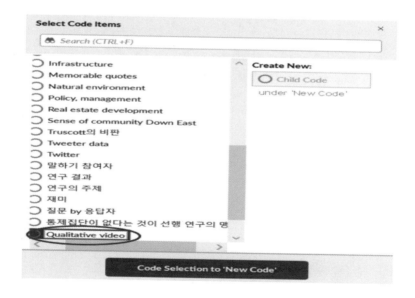

동영상 관련 텍스트를 불러오자

바탕화면 〉 NVivo 12 Pro script 〉 열기 클릭

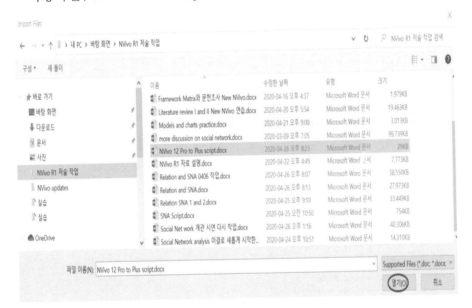

Import 클릭

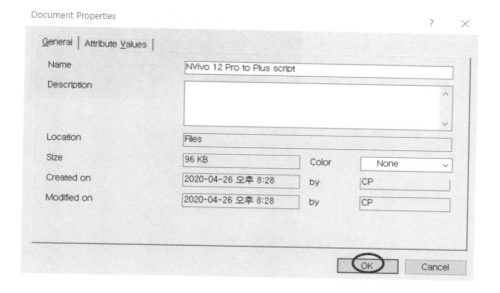

NVivo 12 Pro to Plus script > OK 클릭

NVivo 12 Pro to Plus script 선택 〉 검색 대상 텍스트 준비 완료

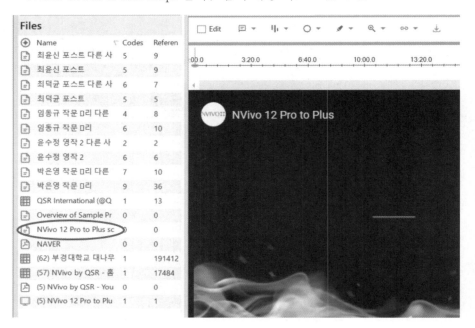

Word Frequency

트윗 수를 보고 서로 다른 느낌을 주는 대화를 시각화 한 부분에 대해 탐구 해 보고자 할 때 가능한 검색이 Word Frequency Query 이다. Word Frequency는 빈번 하게 사용되는 단어나 구에서 가능한 주제, 토픽 또는 경향을 파악하게 해준다. 자료 전체 검색을 할 수 있고 가장 빈번하게 사용되는 단어는 사람이다. 여기서 보고자 하는 것은 가장 빈번하게 나오는 단어 수를 알아보는 것이다. 정확하게 일치하는 단어 수를 세는 것인데 Talk은 Talking과는 다르며 NVivo R1에는 이미 단어 중지가 장착이 되어있다. 포함하기를 원하지 않는 단어가 있을 경우 단어 중지 목록에서 포함 시킬 수 있다. NVivo R1은 어근을 살펴보고 검색을 다시 수행하면서 연구자가 자료를 다시 한 번 생각해 볼 기회를 준다. 상단에 이전과 다른 배합의 단어 전시가 되고 있는데, 사람들이 자신에게 준 도움에 대해 감사하며 hashtag에 관련된 맨션을 많이 받았다. Jaren과 Fellini는 도움을 구하고 연구와 사람들에 대한 이야기가 많이 있다. 자동으로 Word Cloud를 생성하는데 워드 클라우드가 클수록 단어 빈도가 높음을 의미한다. Word Cloud 외관을 바꿀 수도 있고 정적 이미지로 Word Cloud 데이터를 내보내기를 할 수 있다.

NVivo 12 Pro to Plus 파일 선택> Explore > Word Frequency

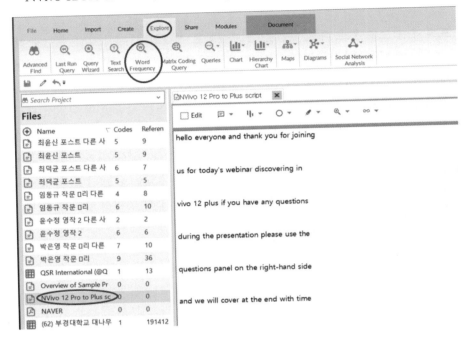

아래의 애초 값으로 정하고 Run Query 실행

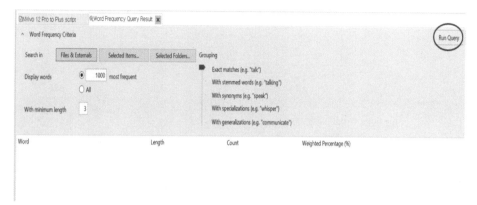

QSR에서 불러온 자료는 Word Cloud, Tree Map, Cluster Analysis 가 가능한 것을 알 수 있다.

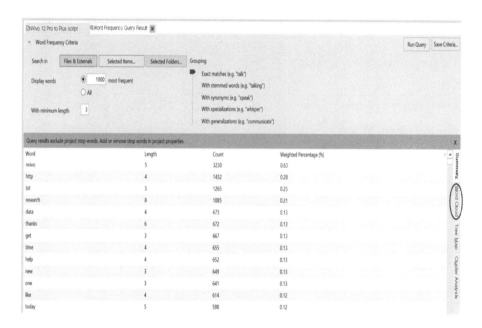

위의 단어 리스트 중에서 get을 목록에서 제외시키고 싶다면 get 옆 클릭 〉 Add to Stop Words List 클릭

Add Stop Words 〉 OK 클릭

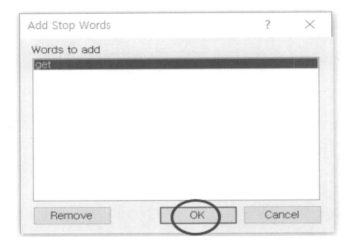

Run Query 실행

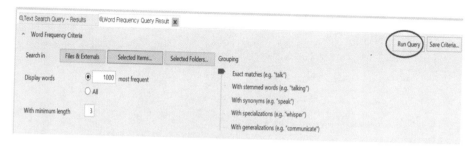

아래와 같이 get이 목록에서 사라진 것을 알 수 있다.

Word	Length	Count	Weighted Percentage (%)
able	4	48	2.06
vivo	4	33	1.42
want	4	33	1.42
see	3	31	1.33
might	5	27	1.16
look	4	26	1.12
looking	7	25	1.07
data	4	23	0.99
one	3	22	0.95
also	4	19	0.82
just	4	19	0.82
pieces	6	19	0.82
plus	4	19	0.82
coding	6	18	0.77
right	5	18	0.77

우측 하단 Word Cloud 클릭

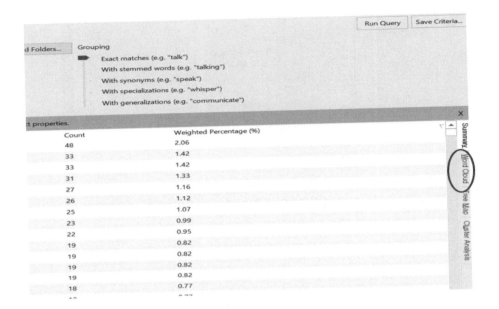

오른쪽 마우스 클릭 > Export Word Cloud 가 가능하다.

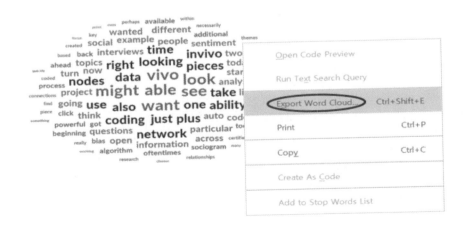

Grouping 〉 Exact matches 슬라이드 바를 아래로 끌어내려 With stemmed words
로 간다

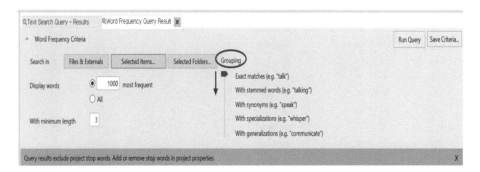

Run Query 실행

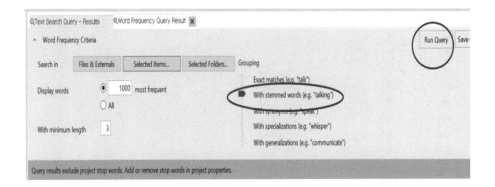

아래의 단어 목록을 볼 수 있다.

Word	Lengt	Coun	Weighted Percentage (% ▽	Similar Words
look	4	55	2.36	look, looked, looking, looks
able	4	48	2.06	able
want	4	42	1.80	want, wanted
coding	6	34	1.46	code, coded, coding
vivo	4	33	1.42	vivo
see	3	32	1.38	see, seeing
might	5	27	1.16	might
pieces	6	26	1.12	piece, pieces
using	5	26	1.12	use, used, using
data	4	23	0.99	data
one	3	23	0.99	one, ones
work	4	22	0.95	work, worked, working, works
nodes	5	20	0.86	node, nodes
taking	6	20	0.86	take, taking
also	4	19	0.82	also
just	4	19	0.82	just
plus	4	19	0.82	plus
questions	9	18	0.77	question, questions
right	5	18	0.77	right
network	7	17	0.73	network, networks
ability	7	16	0.69	abilities, ability
time	4	16	0.69	time
connection	11	15	0.64	connected, connection, connections, connects
interviews	10	15	0.64	interview, interviews
start	5	15	0.64	start, started
invivo	6	14	0.60	invivo
think	5	14	0.60	think, thinking
analysis	8	13	0.56	analysis
auto	4	13	0.56	auto

look 선택 〉 오른쪽 마우스 클릭 〉 Run Text Search Query 클릭

Word	Lengt	Coun	Weighted Percentage (%	▽ Similar Words		
look	4	55	2.36	look, looked, looking, looks		
able	4	48	2.06	able	Open Code Preview	Ctrl+Shift+O
want	4	42	1.80	want, wante		
coding	6	34	1.46	code, coded	Run Text Search Query	
vivo	4	33	1.42	vivo		
see	3	32	1.38	see, seeing	Export List...	
might	5	27	1.16	might		
pieces	6	26	1.12	piece, piece	Print List	
using	5	26	1.12	use, used, u		
data	4	23	0.99	data	Create As Code	
one	3	23	0.99	one, ones		
work	4	22	0.95	work, worked, working, works	Add to Stop Words List	
nodes	5	20	0.86	node, nodes		
taking	6	20	0.86	take, taking		
also	4	19	0.82	also		

NVivo 12 Pro to Plus script 두 번 클릭

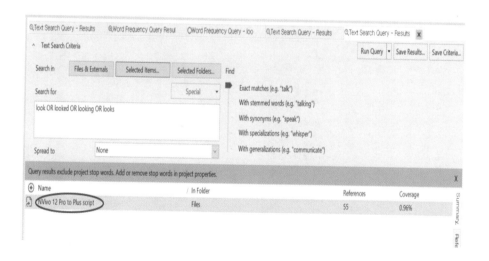

아래와 같이 look과 관련된 말이 들어간 구체적 맥락을 파악할 수 있다.

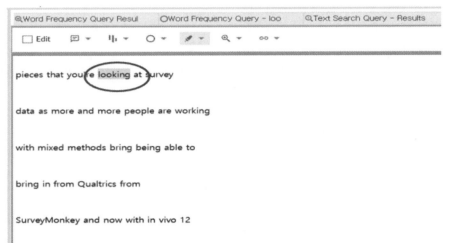

연구자가 어떤 종류의 연구에 대해 사람들이 이야기를 나누는지에 대해 궁금하다면, Word Frequency Query 내에서 텍스트 검색을 실행하여 연구에 대해 언급하는 것을 모두 불러올 수 있다. Word Frequency Query는 사람들이 연구에 대해 언급하는 진술이 있는 모든 곳을 보여준다.

Word Frequency Query Results 창으로 돌아와 Tree Map클릭

Word	Lengt	Coun	Weighted Percentage (%	Similar Words
look	4	55	2.36	look, looked, looking, looks
able	4	48	2.06	able
want	4	42	1.80	want, wanted
coding	6	34	1.46	code, coded, coding
vivo	4	33	1.42	vivo
see	3	32	1.38	see, seeing
might	5	27	1.16	might
pieces	6	26	1.12	piece, pieces
using	5	26	1.12	use, used, using
data	4	23	0.99	data
one	3	23	0.99	one, ones
work	4	22	0.95	work, worked, working, works
nodes	5	20	0.86	node, nodes
taking	6	20	0.86	take, taking
also	4	19	0.82	also
just	4	19	0.82	just
plus	4	19	0.82	plus
questions	9	18	0.77	question, questions
right	5	18	0.77	right

아래와 같이 나무 지도를 볼 수 있고 Cluster Analysis 클릭

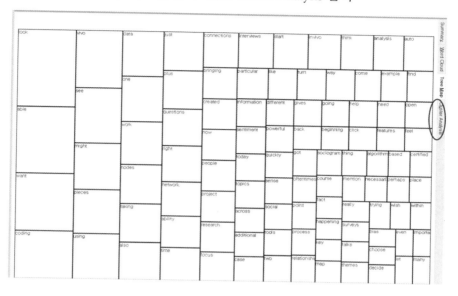

자료의 양이 적을 경우에는 군집 분석은 불가능하다는 결과를 볼 수 있다.

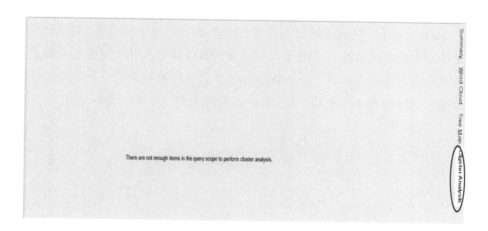

선행연구와의 연계: 계층 다이어그램

Zhang et al. (2019)은 모바일 이용자의 소셜 미디어 사용으로 인한 피로를 유발하는 주요 영향 요인을 원인 요인, 중간 요인, 결과 요인 세 가지 계층으로 구분하는 것을 목적으로 하는 연구를 수행하였다. 이 연구는 또한 다른 수준의 요소들 간의 연결을 분류하여 소셜 미디어의 지속적인 발전을 위한 효과적인 지침을 제공하려고 하였다.

근거 이론을 바탕으로 심층면접을 통해 데이터를 수집함으로써 개방형 코딩, 축 코딩, 선택 코딩을 통해 모바일 사용자의 소셜 미디어 피로 주요 영향 인자를 분석하고, NVivo를 이용한 모델을 구축하고, 모바일 소셜 미디어 사용으로 인한 피로 행동을 정리 분석하여 관계를 파악하였다. 해석적 구조 모델을 결합하고 요인 간의 연결을 탐구하였다.

모바일 소셜 미디어 피로 행위의 영향 요인은 스트레스 요인 한계 해결(SSO) 이론의 프레임워크에 잘 부합하며, 스트레스 요인(S)은 누락, 과부하 인식, 강제 사용, 시간 비용 및 개인 정보 보호 우려의 다섯 가지 요소를 포함한다. 스트레스는 성취감, 정서적 불안, 관심 감소, 사회적 우려 및 정서적 소진 다섯 가지 요소를 포함하며, 결과(O)는 방임, 잠수 타기, 회피, 관용, 철수 및 대체 행동의 여섯 가지 요소를 포함한다고 보고한다.

Zhang et al. (2019)은 모바일 사용 스트레스 요인을 계층 다이어그램으로 표현하였는데 소셜 미디어 피로 행동의 코딩 포인트에서 삼차원의 영향 인자의 분포를 보다 명확하게 그래픽으로 보여준다. 영향 인자가 자주 언급될수록, 그것이 차지하는 면적은 더 커지는데, 이와 같은 표현이 그림 2에 잘 나타나 있다.

Figure 2 Influencing factor hierarchy diagram

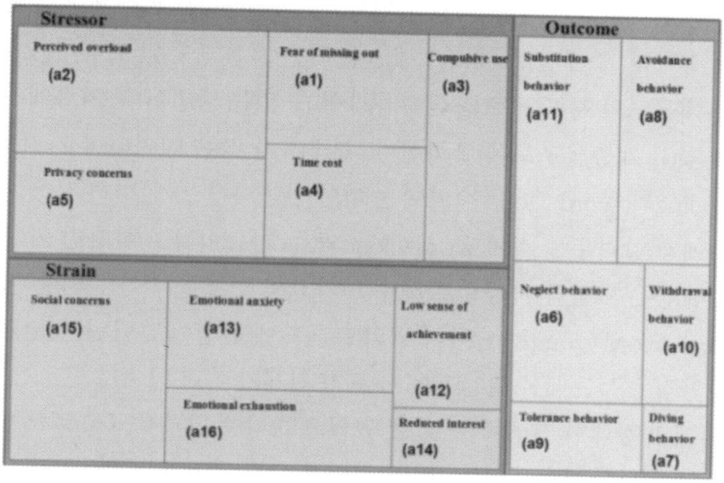

Stressor			Outcome	
Perceived overload (a2)	Fear of missing out (a1)	Compulsive use (a3)	Substitution behavior (a11)	Avoidance behavior (a8)
Privacy concerns (a5)	Time cost (a4)			
Strain			Neglect behavior (a6)	Withdrawal behavior (a10)
Social concerns (a15)	Emotional anxiety (a13)	Low sense of achievement (a12)		
	Emotional exhaustion (a16)	Reduced interest (a14)	Tolerance behavior (a9)	Diving behavior (a7)

Auto Coding

자료가 전하는 경향을 볼 수 있는 또 다른 방법으로 주제별로 Auto Coding을 하는 것이다. 주제별로 Auto Coding을 하는 것은 공통된 토픽이나 소셜미디어와 같은 대규모의 자료 세트를 신속하게 볼 수 있는 방법이다. 자료에서 공통된 명사구를 찾고 계층구조로 구조화한다. 연구자가 많은 데이터를 가지고 있을 때, Auto Coding과 Word Cloud의 차이는 어떤 단어나 구가 빈번히 사용 되었는가를 연구자에게 알려주는 것이 Word Cloud의 주 기능이라고 한다면 이와는 반대로 Auto Coding은 코딩을 자동으로 해주고 자료의 구조를 잡아 준다는 점을 명심하기 바란다. Word Cloud는 단어나 구의 트랜드에 관심이 많다면 Auto Coding은 코딩에 주안점을 두는데 소셜 네트웍 자료가 전체가 아닌 참여자 별로 Case Codes로 설정이 되면 강력한 검색에 동참 할 수 있고 놀라운 결과를 줌으로써 연구자의 탐구 과정의 속도를 배가 하고 이해의 깊이를 한층 깊게 해 줄 것이다.

아래는 저자의 Auto Coding 결과이다. 자료에서 나타나는 주제를 파악해 주고 있는데, webinars 뿐만 아니라 discussion of different types of data, qualitative data analysis, energy, data, sample data, social media, open-ended와 서로 다른 연구 접근법에 대한 논의가 있다. 연구자는 코딩을 세부적으로 또는 광범위하게 할 수 있고 특별한 폴더에 보관을 할 수 있다.

autocoding 결과를 차트로 볼 수 있고 코딩이 Codes 아래 폴더에 보관이 되어있다. 다른 코드도 마찬가지로 합치기 작업 등을 수행 할 수 있다. 두 그룹의 코딩이 된 자료는 폴더에서 사용 가능하며 시각적으로 결과를 볼 수 있다.

계층구조 차트는 수작업으로 진행한 코딩을 시각화 한다.

Files 〉 NVivo 12 Pro to Plus script 선택 〉 오른쪽 마우스 클릭 〉 Autocode 클릭

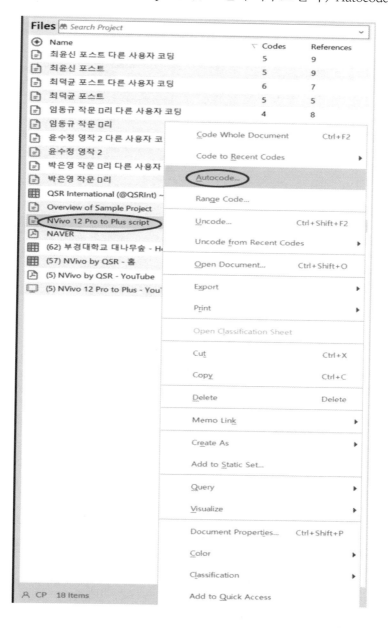

Identify themes 〉 Next 클릭

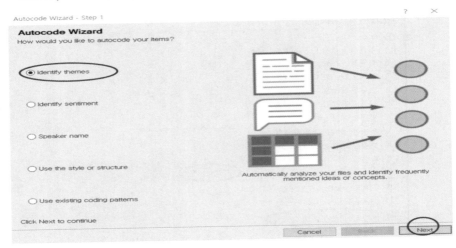

Finish 클릭

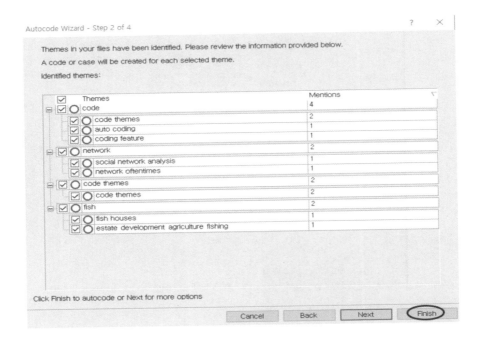

Code sentences 〉 Next 클릭

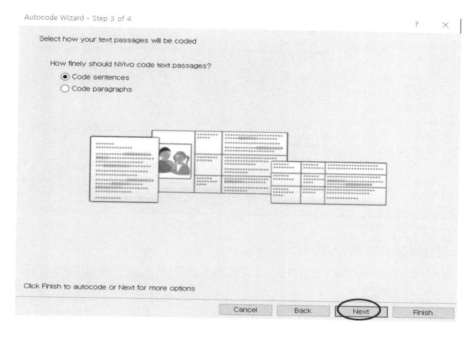

Autocoded Themes 〉 Finish 클릭

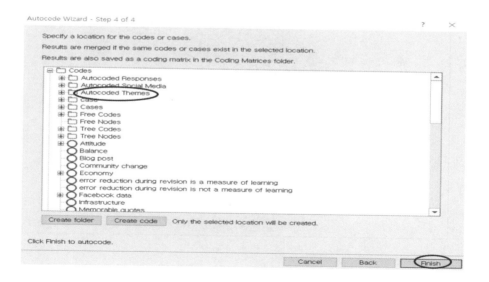

아래와 같이 면적을 볼 수 있고

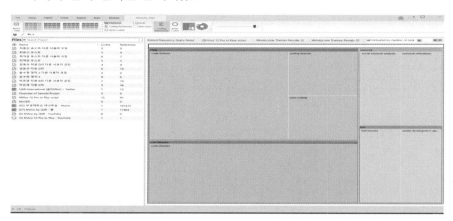

햇살 무늬로도 볼 수 있다.

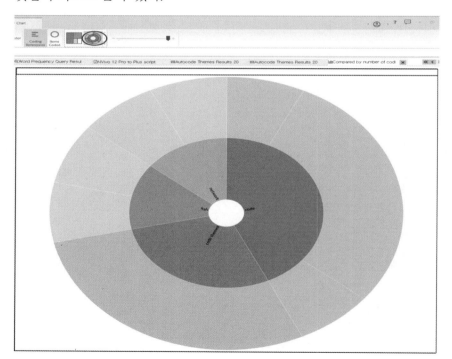

도표로도 볼 수 있다.

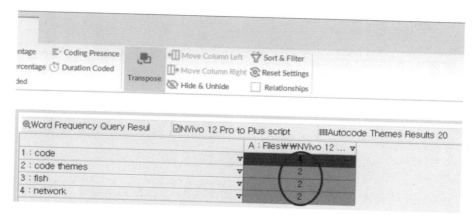

다양하게 표를 표현 할 수도 있다.

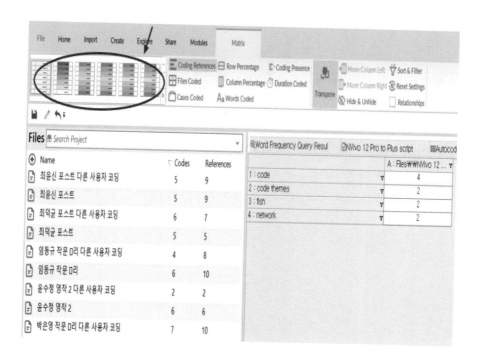

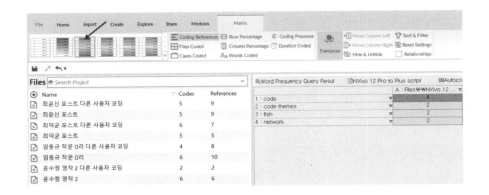

Tree map에서 박스가 클수록 아이디어의 빈도가 높음을 의미한다. 매우 바쁜 인상을 줄 수도 있는 햇살 무늬를 선택할 수도 있고 줌 인을 해서 사각형을 클릭해서 자료에 더 들어가서 하부 노드가 무엇인지를 볼 수 있고 Diana Codes에서 가장 빈번하게 언급된 것은 질적 자료 분석인 것을 알 수 있다. 계층구조 차트를 내보내기를 할 수 있고 이미지를 쌓아 나갈 수도 있다. 질적 자료 분석 레퍼런스 보기를 할 수 있고, Codes를 열수도 있다.

소시오그램 내보내기를 할 때 paejik edge 리스트는 매우 유용한 도구이다. 자료 질에 대한 통계 분석은 NVivo R1이 아닌 다른 프로그램에서 진행이 되는데 성격이 서로 다른 담론이라고 할 수 있다. Paejik edge 리스트는 그 중의 하나이다. Paejik edge는 여러가지의 사회 네트워 분석 패키지에서 용인된 형식을 평가 하고 제한 없이 내보내기를 할 수 있다. NVivo R1은 질적 자료를 수량화 하는데 최적화 된 프로그램으로 엑셀 스프레드 시트나 통계 소프트웨어 패키지에 사용 할 수 있다.

■ Works cited ■

Ainsworth, K., Robertson, A. E., Welsh, H., Day, M., Watt, J., Barry, F., Melville, C. (2020). Anxiety in adults with autism: Perspectives from practitioners. *Research in Autism Spectrum Disorders,* 69, 101457.
doi:https://doi.org/10.1016/j.rasd.2019.101457

Arif Bakla, & Ankara Yıldırım. (2020). A mixed-methods study of feedback modes in EFL writing. *Language Learning & Technology,* 24(1), 107–128.

Blaney, J., Filer, K., & Lyon, J. (2014). Assessing High Impact Practices Using NVivo: An Automated Approach to Analyzing Student Reflections for Program Improvement.

Campbell, D. A., & Lambright, K. T. (2020). Terms of engagement: Facebook and Twitter use among nonprofit human service organizations. *Nonprofit Management and Leadership,* 1–24.

CC, P., JLG, S., C, K., FHS, C., KS, C., & MR., L. (2020). Grounded Theory: use in scientific articles published in brazilian nursing journals with Qualis A classification (Publication no. http://dx.doi.org/10.1590/1980-265X-TCE-2018-0177).

Cioffi, R., Travaglioni, M., Piscitelli, G., Petrillo, A., & Felice, F. D. (2020). Artificial Intelligence and Machine Learning Applications in Smart Production: Progress, Trends, and Directions. *Sustainability,* 12(2).

Clark-Ginsberg, A. (2020). Disaster risk reduction is not 'everyone's business': Evidence from three countries. *International Journal of Disaster Risk Reduction,* 43, 101375.

Cooley, S. J., Jones, C. R., Kurtz, A., & Robertson, N. (2020). 'Into the Wild': A meta-synthesis of talking therapy in natural outdoor spaces. *Clinical Psychology Review,* 77, 101841.

Correia, N., Carvalho, H., Durães, J., & Aguiar, C. (2020). Teachers' ideas about children's participation within Portuguese early childhood education settings. Children and Youth Services Review, 111, 104845. doi:https://doi.org/10.1016/j.childyouth.2020.104845

Derin, T., Putri, N. S., Nursafira, M. S., & Hamuddin, B. (2020). Discourse Analysis (DA) in the Context of English as a Foreign Language (EFL): A Chronological Review. *Journal of English Language Studies*, 2(1), 1-8.

Di Vaio, A., Palladino, R., Hassan, R., & Alvino, F. (2020). Human resources disclosure in the EU Directive 2014/95/EU perspective: A systematic literature review. *Journal of Cleaner Production*, 257, 120509. doi:https://doi.org/10.1016/j.jclepro.2020.120509

Easpaig, B. N. G., Tran, Y., Bierbaum, M., Arnolda, G., Delaney, G. P., Liauw, W., Braithwaite, J. (2020). What are the attitudes of health professionals regarding patient reported outcome measures (PROMs) in oncology practice? A mixed-method synthesis of the qualitative evidence. *BMC Health Services Research*, 20, 1-24.

Gao, F., & Wright, W. E. (2020). A Systematic Analysis of Five Years of Research Articles Published in the Journal of Language, Identity, and Education (2015-2019). *Journal of Language, Identity & Education*, 19(1), 3-8.

Hakkarainen, V., Anderson, C. B., Eriksson, M., van Riper, C. J., Horcea-Milcu, A., & Raymond, C. M. (2020). Grounding IPBES experts' views on the multiple values of nature in epistemology, knowledge and collaborative science. *Environmental Science & Policy*, 105, 11-18. doi:https://doi.org/10.1016/j.envsci.2019.12.003

Hall, D. M., & Steiner, R. (2020). Policy content analysis: Qualitative method for analyzing sub-national insect pollinator legislation. *MethodsX*, 7, 100787. doi:https://doi.org/10.1016/j.mex.2020.100787

Harwood, N., & Petrić, B. (2020). Adaptive master's dissertation supervision: a longitudinal case study. *Teaching in Higher Education*, 25(1), 68-83. doi:10.1080/13562517.2018.1541881

Herbert, J. L., & Bromfield, L. (2020). Worker Perceptions of the Multi-Agency Investigation & Support Team (MIST): A Process Evaluation of a

Cross−Agency Response to Severe Child Abuse. *Journal of Child Sexual Abuse*, 1−21. doi:10.1080/10538712.2019.1709241

Holmen, H., Larsen, M. H., Sallinen, M. H., Thoresen, L., Ahlsen, B., Andersen, M. H., Mengshoe, A. M. (2020). Working with patients suffering from chronic diseases can be a balancing act for health care professionals − a meta−synthesis of qualitative studies. *BMC Health Services Research*, 20, 1−16.

Hur, S., & Park, C. (2018). Effects of Instructional Hour Intervals on the Dynamic Written Corrective Feedback (DWCF) *New Korean Journal of English Language and Literature*, 60(4), 1−42.

Hyland, K. (2013). Faculty feedback: Perceptions and practices in L2 disciplinary writing. *Journal of Second Language Writing*, 22(3), 240−253. doi:https://doi.org/10.1016/j.jslw.2013.03.003

Jagnoor, J., Bhaumik, S., Christou, A., & Azd, A. K. (2020). Weaved into the fabric of life: A qualitative exploration on impact of water−related disasters in the Char Community of Assam, India. International *Journal of Disaster Risk Reduction*, 47, 101551.

Karadzhov, D., Yuan, Y., & Bond, L. (2019). Coping amidst an assemblage of disadvantage: A qualitative metasynthesis of first-person accounts of managing severe mental illness while homeless. *J Psychiatr Ment Health Nurs.*, 27, 4−24.

Kaufmann, A., Barcomb, A., & Riehle, D. *Supporting Interview Analysis with Autocoding.*

Laat, M. d., Lally, V., Lipponen, L., & Simons, R.−J. (2007). Investigating patterns of interaction in networked learning and computer−supported collaborative learning: A role for Social Network Analysis. *Computer-Supported Collaborative Learning*, 2, 87−103. doi:10.1007/s11412−007−9006−4

Maxwell, J. A. (1996). *Qualitative research design* California: Sage publication.

Nicholls, K. (2020). 'You have to work from where they are': academic leaders' talk about language development. *Journal of Higher Education Policy and Management*, 42(1), 67–84. doi:10.1080/1360080X.2019.1658922

Olive P, H. L., Wilson N, N. R., & A, C. (2020). *Current knowledge of the health and wellbeing harms experienced by victims of interpersonal violence: a scoping review protocol.*

Park, C., Park, J., Kim, E., Lee, J., Kang, Y., Choi, Y., . Park, J. (2020). Why do they depend on the private sector of childcare in South Korea? : Perspectives of working mothers. *Children and Youth Services Review, in press.*

Park, J., & Park, C. (2018a). Effects of Learning Environment Differences (On and Offline vs. Off line) on Intermediate Level Learners' Writing Development. *STEM Journal*, 19(2), 169–193.

Park, J.-Y., & Park, C.-W. (2018b). A Study of the Effect of a Medium of Instruction on the East Asian Students' Writing Development. *Journal of North-East Asian Cultures*, 1(56), 213 – 231 doi:http://dx.doi.org/10.17949/jneac.1.56.201809.013

Parvin, A., & Moore, S. A. (2020). Educational colonialism and progress: an enquiry into the architectural pedagogy of Bangladesh. *Pedagogy, Culture & Society*, 28(1), 93–112.

Peetawan, W. (2020). *Overview of Air-Rail Passenger Transport Relationship from 1997 to 2018.* Paper presented at the MDPI, United States.

Prabowo Hendi, Y. (2020). Reinvigorating the human instrument: An exploratory study on the potential use of CAQDAS in qualitative evaluation of corruption prevention in Indonesia. *Journal of Financial Crime, ahead-of-print*(ahead-of-print).

Prabowo, H. Y. (2020). Reinvigorating the human instrument: An exploratory study on the potential use of CAQDAS in qualitative evaluation of corruption prevention in Indonesia. *Journal of Financial Crime, ahead-of-print(ahead-of-print).*

PZ, R., I, R. N., I, A. M., & J, R. P. (2020). Selection of Method in Construction Industry by using Analytical Hierarchy Process (AHP). *Materials Science and Engineering*, 7(12), 012015. doi:doi:10.1088/1757-899X/712/1/012015

Ranney, M. L., Lehrbach, K. R., Scott, N. A., NugentAlison, N. R., Huang, R., Fong, G., & Rosen, R. K. (2020). *Insights into Adolescent Online Conflict through Qualitative Analysis of Online Messages.* Paper presented at the the 53rd Hawaii International Conference on System Sciences, Hawaii.

Rantalaa, S., Toikkab, A., Pulkkaa, A., & Lyytimäkia, J. (2020). Energetic voices on social media? Strategic Niche Management and Finnish Facebook debate on biogas and heat pumps. *Energy Research & Social Science*, 62, 101362.

Robertson, S., Cooper, C., Hoe, J., Lord, K., Rapaport, P., Marston, L., . . . Livingston, G. (2019). Comparing proxy rated quality of life of people living with dementia in care homes. *Psychological Medicine*, 50(1), 86–95. doi:10.1017/S0033291718003987

Rukthong, A., & Brunfaut, T. (2020). Is anybody listening? The nature of second language listening in integrated listening-to-summarize tasks. *Language Testing*, 31(1), 31–53.

Saldana, J. (2016). *The coding manual for qualitative researchers* London: Sage publication.

Santos, J. L. S., Steil, A. V., & Delgado-Hernández, D. J. (2020). State of the organizational learning field in Latin America and the Caribbean: research methods and themes. *The Learning Organization*, 1–15. doi:DOI 10.1108/TLO-01-2019-0023

Shan, H., Ayers, N., & Kiley, M. (2020). A comparison between the conceptions of research of candidates enrolled for standard PhD and integrated PhD programmes. *Innovations in Education and Teaching International*, 1–10. doi:10.1080/14703297.2020.1734477

Sørensen, K., Skirbekk, H., Kvarstein, G., & Wøien, H. (2020). Children's fear of needle injections: a qualitative study of training sessions for children with rheumatic diseases before home administration. *Pediatric Rheumatology*, 18(13), 1–12.

Sun, W.-W., & Cai, N. (2013). A Qualitative Research on Social Network and

Opportunity Recognition of Social Entrepreneurship with Nvivo. *Journal of Applied Sciences*, 13(21), 4624–4627.

Swygart–Hobaugh, M. (2019). Bringing method to the madness: An example of integrating social science qualitative research methods into NVivo data analysis software training. *IASSIST Quarterly*, 43(2), 1–16. doi:10.29173/iq956

Tao, D., Yang, P., & Feng, H. (2020). Utilization of text mining as a big data analysis tool for food science and nutrition. *Compr Rev Food Sci Food Saf.*, 19, 875–894.

Vada, S., Prentice, C., Scott, N., & Hsiao, A. (2020). Positive psychology and tourist well–being: A systematic literature review. *Tourism Management Perspectives*, 33, 100631. doi:https://doi.org/10.1016/j.tmp.2019.100631

Wan, C. S., Teede, H., Nankervis, A., & Aroni, R. (2020). Ethnic Differences in Dietary Management of Gestational Diabetes Mellitus: A Mixed Methods Study Comparing Ethnic Chinese Immigrants and Australian Women. *Journal of the Academy of Nutrition and Dietetics*, 120(1), 86–102. doi:https://doi.org/10.1016/j.jand.2019.08.019

Wang, Y., Liu, Q., He, L., & Li, X. (2020). Classification of the appropriate behaviors of Patients for Patient Safety against the Chinese cultural background, based on grounded theory. International *Journal of Occupational Medicine and Environmental Health*. doi:10.13075/ijomeh.1896.01525

Weiss, A. P., Alwan, A., Garcia, E. P., & Garcia, J. (2020). Surveying fake news: Assessing university faculty's fragmented definition of fake news and its impact on teaching critical thinking. *International Journal for Educational Integrity*, 16(1), 1. doi:10.1007/s40979–019–0049–x

Zhang, Y., Liu, Y., Li, W., Peng, L., & Yuan, C. (2020). *A study of the influencing factors of mobile social media fatigue behavior based on the grounded theory.*